/科技部推荐优秀科普图书/

古国旧邦

总顾问 冯天瑜 钮新强
总主编 刘玉堂 王玉德

李晓明 编著

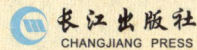

长江文明馆献辞
（代序一）

冯天瑜

> 无边落木萧萧下，
> 不尽长江滚滚来。
> ——杜甫《登高》

江河提供人类生活及生产不可或缺的淡水，并造就深入陆地的水路交通线，江河流域得以成为人类文明的发祥地、现代文明繁衍畅达的处所。因此，兼收自然地理、经济地理、人文地理旨趣的流域文明研究经久不衰。尼罗河、幼发拉底—底格里斯河、印度河、恒河、莱茵河、多瑙河、伏尔加河、亚马孙河、密西西比河、黄河、珠江等河流文明，竞相引起世人关注，而作为中国"母亲河"之一的长江，更以丰饶的自然秉赋、悠远深邃的文化积淀、广阔无垠的发展前景，理所当然成为江河文明研究的翘楚。历史呼唤、现实诉求，长江文明馆应运而生。她以"长江之歌 文明之旅"为主题，以水孕育人类、人类创造文明、文明融于生态为主线，紧紧围绕"走进长江"、"感知文明"和"最长江"三大核心板块，利用现代多媒体等手段，全方位展现长江流域的旖旎风光、悠久历史和璀璨文明。

干流长度居亚洲第一、世界第三的长江，地处亚热带北沿，人类文明发生线——北纬30°线横贯流域。而此纬线通过的几大人类古文明区（印度河流域、两河流域、尼罗河流域等）因副热带高压控制，多是气候干热的沙漠地带，作为文明发展基石的农业仰赖江河灌溉，故有"埃及是尼罗河赠礼"之说。然而，长江得大自然眷顾，亚洲大陆中部崛起的青藏高原和横断山脉阻挡来自太平洋季风的水汽，凝集为巫山云雨，致使这里水热资源丰富，最适宜人类生存发展，是中国乃至世界自然禀赋优越、经济文化潜能巨大的地域。

长江流域的优胜处可归结为"水"—"通"—"中"三字。

冯天瑜

一、淡水富集

长江干流、支流纵横,水量充沛,湖泊星罗棋布,湿地广大,是地球上少有的亚热带淡水富集区,其流域蕴蓄着中国35%的淡水资源、48%的可开发水电资源。如果说石油是20世纪列国依靠的战略物资,那么,21世纪随着核能及非矿物能源(水能、风能、太阳能等)的广为开发,石油的重要性呈缓降之势,而淡水作为关乎生命存亡而又不可替代的资源,其地位进一步提升。当下的共识是:水与空气并列,是人类须臾不可缺的"第一资源"。长江的淡水优势,自古已然,于今为烈,仅以南水北调工程为例,即可见长江之水的战略意义。保护水生态、利用水资源、做好水文章,乃长江文明的一个绝大题目。

二、水运通衢

在水陆空三种运输系统中,水运成本最为低廉且载量巨大。而长江的水运交通发达,其干支流通航里程达6.5万千米,占全国内河通航里程的52.5%,是连接中国东中西部的"黄金水道",其干线航道年货运量已逾十亿吨,超过以水运发达著称的莱茵河和密西西比河,稳居世界第一位。长江中游的武汉古称"九省通衢",即是依凭横贯东西的长江干流和南来之湖湘、北来之汉水、东来之鄱赣造就的航运网,成为川、黔、陕、豫、鄂、湘、赣、皖、苏等省份的物流中心,当代更雄风振起,营造水陆空几纵几横交通枢纽和现代信息汇集区。

三、文明中心

如果说中国的自然地理中心在黄河上中游,那么经济地理、人口地理中心则在长江流域。以武汉为圆心、1000千米为半径画一圆圈,中国主要大都会及经济文化繁荣区皆在圆周近侧。居中可南北呼应、东西贯通、引领全局,近年遂有"长江经济带"发展战略的应运而兴。长江经济带覆盖中国11个省(市),包括长三角的江浙沪3省(市)、中部4省和西南4省(市)。11省(市)GDP总量超过全国的4成,且发展后劲不

冯天瑜

可限量。

　　回望古史,黄河流域对中华文明的早期发育居功至伟,而长江流域依凭巨大潜力,自晚周疾起直追,巴蜀文化、荆楚文化、吴越文化与北方之齐鲁文化、三晋文化、秦羌文化并耀千秋。龙凤齐舞、国风—离骚对称、孔孟—老庄竞存,共同构建二元耦合的中华文化。中唐以降,经济文化重心南移,长江迎来领跑千年的辉煌。近代以来,面对"数千年未有之大变局",长江担当起中国工业文明的先导、改革开放的先锋。未来学家列举"21世纪全球十大超级城市",依次为：印度班加罗尔、中国武汉、土耳其伊斯坦布尔、中国上海、泰国曼谷、美国丹佛、美国亚特兰大、墨西哥昆坎—图卢姆、西班牙马德里、加拿大温哥华。在可预期的全球十大超级城市中,竟有两个（武汉与上海）位于长江流域,足见长江文明世界地位之崇高、发展前景之远大。

　　为着了解这一切,我们步入长江文明馆,这里昭示——

　　一道天造地设的巨流,怎样在东亚大陆绘制兼具壮美柔美的自然风貌;

　　一群勤勉聪慧的先民,怎样筚路蓝缕,以启山林,开创丰厚优雅的人文历史。

　　（作者系长江文明馆名誉馆长、武汉大学人文社科资深教授）

一馆览长江 水利写文明
（代序二）

钮新强

"你从雪山走来，春潮是你的风采；你向东海奔去，惊涛是你的气概……"一首《长江之歌》响彻华夏，唱出中华儿女赞美长江、依恋长江的深厚情感。

深厚的情感根植于对长江的热爱。翻阅长江，她横贯神州6300千米，蕴藏了全国1/3的水资源、3/5的水能资源，流域人口和生产总值均超过全国的40%；她冬寒夏热，四季分明，沿神奇的北纬30°延伸，形成了巨大的动植物基因库，蕴育了发达的农业，鱼儿欢腾粮满仓的盛景处处可现；她有上海、武汉、重庆、成都等国之重镇，现代人类文明聚集地如颗颗明珠撒于长江之滨；她有神奇九寨、长江三峡、神农架等旅游胜地，多少享誉世界的瑰丽美景纳入其中；她令李白、范仲淹、苏轼等无数文人墨客浮想联翩，写下无数赞美的词赋，留下千古诗情。

长江两岸中华儿女繁衍生息几千年，勤劳、勇敢、智慧，用双手创造了令世人瞩目的巴蜀文明、楚文明及吴越文明。这些文明如浩浩荡荡的长江之水，生生不息，成为中华文明重要组成部分。

人类认识和开发利用长江的历史，就是一部兴利除弊的发展史，也是长江文明得以丰富与传承的重要基石。据史料记载，自汉代到清代的2100年间，长江平均不到十年就有一次洪水大泛滥，历代的兴衰同水的涨落息息相关。治国先必治水，成为先祖留给我们的古训。

为抵御岷江洪患，李冰父子筑都江堰，工程与自然的和谐统一，成就了千年不朽，成都平原从此"水旱从人、不知饥馑"，天府之国人人神往。

一条京杭大运河，让两岸世世代代的子孙受惠千年。今天，部分河段化身为南水北调东线调水的主要通道，再添新活力，大运河成为连接古今的南北大命脉。

新中国成立以后，百废待兴，党和政府把治水作为治国之大计，长江的治理开发迎来崭新的时代。万里长江，险在荆

钮新强

江。1953年完建的荆江分洪工程三次开闸分洪，抗击1954年大洪水，确保了荆江大堤及两岸人民安全。面对'54洪魔带来的巨大创伤，长江水利人开启长江流域综合规划，与时俱进，历经3轮大编绘，使之成为指导长江治理开发的纲领性文件。

"南方水多，北方水少，能不能从南方借点水给北方？"毛泽东半个多世纪前的伟大构想，是一个多么漫长的期盼与等待呀。南水北调的蓝图，在几代长江水利人无悔选择、默默坚守、创新创造中终于梦想成真，清澈甘甜的长江水在"人造天河"里欢悦北去，源源不断地流向广袤、干渴的华北平原，流向首都北京，流向无数北方人的灵魂里。

新中国成立以来，从长江水利人手中，长江流域诞生了新中国第一座大型水利工程——丹江口水利枢纽工程、万里长江第一坝——葛洲坝工程、世界最大的水利枢纽——三峡工程。与此同时，沉睡万年的大小江河也被一条条唤醒，以清江水布垭、隔河岩等为代表的水利工程星罗棋布，嵌珠镶玉。这是多么艰巨而充满挑战、闪烁智慧的治水历程！也只有在这条巨川之上，才能演绎出如此壮阔的治水奇观，孕育出如此辉煌的水利文明，为古老的长江文明注入新的动力！

当前，长江经济带战略、京津冀协同发展战略及一带一路建设正加推提速，长江因其特殊的地理位置与优质的资源禀赋与三大战略（建设）息息相关，长江流域能否健康发展关系着三大战略（建设）的成败。因此，长江承载的不仅是流域内的百姓富强梦，更是中华民族的伟大复兴梦。长江无愧于中华民族母亲河的称号，她的未来价值无限，魅力永恒。

武汉把长江文明馆落户于第十届园博会园区的核心区，塑造成为园博会的文化制高点和园博园的精神内核，这寄托着武汉对长江的无比敬重与无限珍爱。可以想象，长江文明馆开放之时，来自五湖四海的人们定将发出无比的惊叹：一座长江文明馆，半部中国文明史。

（作者系长江文明馆名誉馆长，中国工程院院士、长江勘测规划设计研究院院长）

序 言

中国的文明发源地主要是在黄河流域、长江流域。随着研究的深入以及人们认识的扩展，长江流域对中国文明起源的重要作用已经越来越多地被人们所重视。

没有河流与湖泊，就没有人类文明。长江流域包括其支流，为中国先民提供了发展的广阔沃土，在她的流域衍生了众多的文明。我们知道，无论是区域文明还是流域文明，都是靠着水陆交通发展起来的，其中流域的交流和发展，比起区域的交通和发展更具便捷性。人类社会的发展趋势，无疑都是经过部落、城邦、国家的脚印走过来的。先民们首先面临的是共同的生活环境和习俗，决定了他们需要相依为命，其次是交换交流的共同体命运使他们有了稳定生活、保护自我的愿望，随后命运的共同体使他们组成了国家，最后随着交流的扩大，各个共同体有了相互联合、竞争和合并的趋势。这种趋势有自愿的，更多的带有强力。再随着时间的消逝，差异在缩小，于是更大的国家便形成了。因此，中国文化，实际上是各个小国经过一个漫长历史时期的融合体，直至今天，尽管总体而言很多古国旧邦的文化元素已经组合或融化到中华传统中了，但各个区域、地域和流域的文化差异，我们仍然能够从中追寻到这些不同的文化因子。

长江流域的文化，主要包含着后世称之为巴蜀文化、荆楚文化、吴越文化的三大文化区。在这三大文化区还没有形成和定型之前，这个流域从远古到先秦时期，就星罗棋布地分散着很多古老的古国旧邦。它们是我们很多姓氏、很多早期文化的发源地。可惜后世由于大一统文化的强力吸纳和覆盖，由于漫长岁月的洗礼，我们对这些早期的古国旧邦知之甚少。但人类是需要记忆的，寻根是人类高级精神生活的一部分，古国旧邦的出现、发展和演进，也和历史上其他时段一样，同样是人类的一面镜子，需要我们去了解。它们像人类一段遥远的梦，那些充满着神秘、迷离、悲壮的往事，永远值得我们去追寻。

这本小册子的任务，就是在空间断限上，选取长江流域若干主要的古国旧邦，尽可能地予以复原勾画。为此，我们选取在长江流域的上游、中游和下游及其主要支流中，叙述和探讨一些所知较多的有代表性的国家。在时间断限上，主要是从传说时期或夏王朝开始到秦王朝统一中国以前。由于这里所言是"古国旧邦"，不包括"春秋十二公"和"战国七雄"各国及其早期发展，换言之，就是主要灭亡于这一时期的"古国旧邦"，他们主要是曾经的大国或二三流国家及部族。无疑，由于历史的久远，很多往事扑朔迷离，我们所能依据的材料只能是传世资料、出土文物、历史传说（即民俗资料）——这也就是专业界所说的"三重证据法"，并尽可能地吸收学界的研究成果。尽管如此，根据有限的资料和短时期内的研究，仍有可能难以完全准确地叙述它们的全貌。这是探寻古国旧邦的难处所在，因其神秘、迷离甚至悲壮，也正是其魅力所在。好在我们本着不断求索求实的态度，能做多少做多少，随时准备修正错误、接近真相，使我们对长江流域古国旧邦的认识越来越丰富。

目 录

序言 / 1

上游之国 / 1

楙国 / 2
巴国 / 11
蜀国 / 20
苴国 / 34
賨国 / 37
鱼国 / 45
巫国 / 49
夔国 / 54
西陵国 / 56

中游之国 / 60

庸国 / 61
申国 / 69
彭国 / 77
鄂国 / 84

谷国 / 91

曾国 / 96

鄅国 / 103

邓国 / 108

卢国 / 114

罗国 / 117

权国 / 123

江国 / 128

鄀国 / 134

下游之国 / 139

皖国 / 140

舒国与群舒 / 142

邗国 / 145

宜国 / 148

主要参考文献 / 151

后记 / 152

上游之国

我们现在所知的长江上游的部族和国家主要集中在现今的四川盆地。这片自然条件优越的"天府之国",易于使它成为独立的文化单元,对内可以富足发展,对外没有扩张性。封闭与交流是其双重文化特点。

僰 国

这是一个来历和去向都不太明白的民族,虽经专家们研究,但至今还争议很大。

僰(bó)人,最早不是叫"僰人",他们的先辈被称作"濮人",生活在现在以河南濮阳为中心的濮水流域,是夏朝人的重要支脉,也是夏朝政治上的支持者和盟友。但在商汤灭夏以后,他们在政治上受到压迫,军事上受到打击,于是被迫南迁。在西周时期广泛分布于江汉流域的诸部落,有"百濮"之称,是周朝人的南方盟友。春秋时期,与楚人的关系一直有冲突,后来在楚国的打击下,势力逐渐衰弱,于是沿着长江往上游迁徙直达朱提江流域,在这里建立了僰侯国,该族群被人称作僰人。他们既保留了在原住地的某些文化特征,如悬棺葬等,也发展出了诸多异于中原文化的新的特色。从战国到秦汉期间,一则由于僰人自身的发展,二则由于秦国的打击和汉代的开拓,僰人逐步向滇中、滇西发展,经历过民族融合、名称改异等,在历史记载上常常或与其他周边的少数民族合称,或者不见经传。但是僰人一直存在着。隋、唐以后他们不断与各地原住民族融合,以致很多人认为他们是现在云南白族人、彝族人等族的先声,直到明、清之际才消失在历史的长河中。

> 认为僰人最早是濮人的后裔,主要依据为:他们濮人自认是古代高阳帝即颛顼帝的苗裔,和楚国祖先是一致的,是上古夏族的体系。在商王朝统治时期,迁徙到南方江汉流域的濮人,其居住地和西方的强势部落周族相毗连。为了抗击商人的压迫,双方建立了友好的关系。到了商朝末期武王伐纣时期,他们和周族结成了政治和军事联盟,武王伐纣的"八国联军"中就有濮人。周武王胜利后,濮人休养生息的地方也成了"周之南土"。这是一块美丽富饶的地方,它西倚熊耳山,南临云梦泽,地势开阔,物产丰富。

上游之国

　　僰人和楚人本来是血缘很近的兄弟之国和邦国，在商朝的时候也都是受欺压的民族，都是先后迁徙到江汉地区的，也都为抗击商朝人作出过贡献。但随着外界压力的减轻和荆楚势力快速的发展，僰人本该迎来一段安定发展的时期，却与周边的楚人发生了冲突。双方不断出现摩擦，逐渐成为了敌国。

　　公元前822年，楚王熊霜去世，他的弟弟们进行了争位的殊死斗争，斗争失败了的叔堪逃亡到了濮地，这样濮就成了楚国政治反对派的避难所，楚国的当政者自然很不高兴，从此开始了二者交恶的历史。双方的摩擦随着时间的推移不断扩大。公元前757年，楚国的蚡冒带着楚国强大的军事力量对濮人展开了大举进攻。到了公元前733年，楚国已经通过连续不断的战争，占领了濮人的大片土地，濮人的生存空间面临着巨大的压力。

　　楚国人的扩张使得濮人的生存空间日益缩小，也导致了楚国和濮人周边的小国如江、汝、糜、庸等国的极大不安。于是他们联合起来，组成了以庸国人为首的抗楚联盟，于公元前612年发动了著名的"江汉会战"。但终因力量分散，不能统一，最后被楚国各个击破，战争没能取得显著性的胜利。虽然如此，百濮还是赢得了近百年的相对安定的发展时间。

　　到了公元前526年，随着楚国实力的进一步增强，楚国又一次开始了大规模的伐濮。这一次主要是采用"舟师"即水军进攻，采取的战术是步步为营、四面包抄。江、汉一带的百濮这一次没有逃过大劫，他们被消灭、同化，其余的部分只好进行历史大迁徙。

　　濮人向西南地区的大迁徙，被认为是经历了数个世纪的艰苦而漫长的历程。

　　为了争取生存的空间，濮人的迁徙在被楚国大规模征伐之前就开始了。他们告别江汉地区，跋山涉水、不辞辛劳地进入以前对于他们来说是陌生的、充满着敌意的巴国，又突破了蜀人的堵截和围剿，在朱提江流域驻扎了下来。他们的后裔中出现了首开天府的杜宇和梁利部落，在战国时期，濮人终于在朱提江流域建立了著名的僰侯国。在战国末期，许多濮人（也就是僰人）逐步进入滇池、邛都、叶榆等广大区域，濮人成了覆盖我国西南地区最广的民族群体。

公元前2世纪，随着蜀人被秦国征服之后，僰侯国也被秦国所灭。公元前1世纪，濮人在滇东北的一些部落又被汉武帝所灭，濮人终于彻底地退出了朱提江流域这个历史舞台。

追踪濮人南迁和西迁的主要依据，就是濮人每到一处地方都会把自己民族的印迹和文化带到这些地方。比如：

首先，民族群体的称谓"濮"。以前在中原地区，该民族因为居住在濮水地区而得名就不用说了，在江汉地区被人泛称为"百濮"，而四川的合州原本是巴人的地盘，濮人夺取之后改水名为"濮江"，只是濮人后来又迁徙之后，"濮江"才又改名为"垫江"。此外，古籍记载合州有"濮子墓"、濮溪湾、濮岩，临邛有布濮水等地名，还有巴王和濮王会盟与相杀的事迹。另外叫"濮水"的地方，不仅仅川西西昌有，在滇中的金沙江以南也有。用现在专家的话说，就是如果把"濮水"作为一条线连接起来，那么它北起河南、南至湖北、西至四川，再西南到云南的大理，在这2000多公里的"濮"道上，走走停停，辗转了近1000年。"濮"、"濮水"词，不仅是对濮人的称谓，也是对他们历史足迹的见证。

其次，民族文化。濮人祭祀的祖先是黄帝、颛顼、鲧和大禹，这正说明他们是夏的后裔。他们是以熊为图腾的，濮人在迁徙一路也都是以熊来命名他们所敬重的名山大川。其中最值得注意的就是山水名称——熊耳。根据文献记载，他们还在江汉之间的时候，就有多处山名被命名"熊耳"。在迁到蜀国以后，岷江流域多处出现"熊耳"，如褒斜、南安、平羌等地都有。后有濮人迁徙到云南大理，这里就有了熊苍山、罢（熊）谷山等濮人特有的地名。

再次，据现在专家研究，除了以上文化因素外，濮人在迁徙的过程中也把自己的语音符号通过语根的变迁分化而作为人名、地名和湖泊名称。并且按照同音异写的原则出现了许许多多的名称。出现这种现象的原因，既可能是濮人迁徙人群中根据居住地语音变化造成的，也可能是故意掩盖本族图腾崇拜的语根，这些名称都成了濮人特有的文化密码。在这些密码中，熊最具有代表性。他们和楚国人是同宗共族，楚王的名号无不冠以熊字，一直到楚怀王。按照这个原则，从楚国的很多用字中可以推测出濮人的很多用字读音的规律。专家发现，在上古南方的文字中，有很多与"熊"

是同韵同声的音变字和假借字，作为人名的有：归藏（黄帝名）、高阳（颛顼名）、鲧（大禹父名）。作为地名的有：有昆（昆吾、昆明）；作为湖泊名称的有：昆泽、邛海、千顷池、皋（洱海）、禚榆（汉代的大理名称）、九曲（洱海）、九朝（苍山）等。仅以作为湖泊名的"滇"为例，叙州（宜宾）有滇池，会川（会理）有滇池，贵州安顺有滇池，云南昆明有滇池等，虽然这些湖泊在后世也曾有过其他的名称，但在其早期都曾有过名叫"滇池"的经历。

所有这些濮人在迁徙过程中一路留下的痕迹，都寄托着濮人崇功报祖的深厚感情。

那么濮人与僰人是什么关系呢？或者说，濮人怎么变成了僰人的呢？

上面主要讲濮人的几次大规模的长期迁徙，最晚在春秋晚期，濮人就成了西南地区分布广泛的大族。作为客族，他们的到来打破了原来西南地区民族的分布和原有各民族之间的关系，生存空间的争夺和矛盾的产生，包括战争和争斗是不可避免的。作为原住的原有民族，在这种争夺中，对他们的仇恨在不断地积累增加，从原住民族的角度看，濮人肯定是不受欢迎的人，成了他们生活中被诅咒和丑化的对象。虽然濮人是以自称"濮"为自豪的，但原住人对他们有着仇恨和厌恶，肯定不是这样称呼他们。于是这些原住民族就从"濮"的同音字中找到了一个具有贬义的"僰"字来称呼他们，以发泄自己心中的不满和仇恨。这就是"濮"怎么演变为"僰"的原因。文字音韵学著作《广韵》说："僰，贱称，丑也。"道出了西南地区原住民族对濮人仇恨的文化心理。正像中国古代长期称呼西部和北部地区的少数民族为"胡"、"虏"一样，都带着一种仇恨和蔑视的心理。后世岳飞的《满江红》词就有"壮志饥餐胡虏肉，笑谈渴饮匈奴血"，就是对这种情感的表达。在日常成语中"胡搅蛮缠"、"胡说八道"，也属于蔑视外族的一种文化积淀。把濮人叫为僰人的文化心理与此相同，进而"僰"不仅是丑类，也引申成为"罪人"的意思。

这个名称的变化当然是一个长期的过程。

在中原地区的文献记载中，对僰人的记录既有保持真实的成分，也有误读的部分。如"僰"完整的汉字，最早见于《礼记·王制篇》，作"棘"，所谓"屏之远方，西方曰棘"，东汉人郑玄注释说："棘当为僰，僰之言偪，使人偪寄于夷戎也。"他认为僰人是西周以来被历代统治者赶到西南地区去的。《吕氏春秋·恃君览》始作"僰",称"氐、羌、呼唐离水之西,僰人、野人、篇笮之川,舟人、送龙、突人之乡,多无君"。这段话是现存史料中最早记载僰人社会生活情况的。其大意为:氐族、羌族和呼唐族在离水的西边,僰人和那些野蛮人居住在篇笮河一带,舟人、送龙、突人这些部落所居住之地,都没有君主。这说明春秋时代僰人和氐、羌、呼唐、野人居住挨得近,在岷江一带。

西汉时期,司马迁的《史记·西南夷列传》记载说:"巴蜀民或窃出商贾,取其笮马、僰童、髦牛,以此巴蜀殷富。"据传,僰人身材矮小,在先秦时常作为奴隶被掠卖。先秦的达官显贵也以拥有"僰奴"为一时的风气。僰奴,秦史籍中被称为"僰僮"。皇帝的娱乐品——侏儒、杂耍班子的演员都由僰奴担当。大量的僰人被卖为奴隶,人身失去自由,被迫从事繁重的劳动。东汉的《说文解字》说"僰,犍为僰蛮也"。"西南夷"与内地的交流和被内地认知,一般认为是在汉武帝开拓西南地区之后。相传,汉武帝时张骞出使西域,在阿富汗和印度地区看到了僰人销售到那里的商品,他才知道原来还有一条商路通往西亚和南亚。这比汉武帝时期由张骞开通的北方丝绸之路时间要早得多。汉武帝获得这一信息后才决定开发西南夷的。由于西南夷的开发,僰人才开始往周边地区迁徙。西汉时期的僰人,在汉武帝开拓西南夷之前,就已经有了较为发达的农业。这是一个不争的事实。他们修水利、兴灌溉,除种植水稻等农作物外,还种植荔枝、生姜等经济作物。

对于僰人的民族属性,其实前人就有觉得僰人是汉族,但又不能明确肯定,在表述上比较模糊。如认为古代中原历代统治者对西南少数民族是鄙夷的,现在我们所称的苗、瑶、侗、僚等少数民族,古书上都写作"猫、猺、狪、獠",都是从"犭(豸)"旁。但"僰人"的"僰"字从"人"旁,可见历史上汉民族从来都没有将僰人看成是异族,而只是将他们看成是落后的化外本族,所以《水经注》中引《地理风俗记》说:"僰于夷中最仁,有仁道,故字从人。"其次,认为僰人的生产技术和生活水平历来都较同时代的其他少数民族高出许多。在秦汉时期僰人就很富有,他们的种植技艺很高,不仅种稻米,还种植经济作物。《太平御览》中引《郡国志》说:"僰僰施夷中最仁者，故古谓僰僮之富。多以荔枝为业，园植万株，收一百五十斛。"僰人的这种生产致富的方式，还带动了周边其他地区的富裕。此外，僰人在文化信仰方面也与一般周边少数民族不一样，他们更容易接受外来文化，在对外来文化的吸收方面远较其他少数民族更宽容、更快。这一点在后世更容易看出来。明代的《蜀中名胜记》中引《夷裔考》更是直截说："僰人者，其先世本华人。"

这些记载表明，人们既把僰人看作是最早属于中原地区的人，又把他们视为野人、蛮人和杂处于夷戎之间的人。显然这些现象的产生，主要是由于地域的隔阂和文化差异导致的。

魏晋南北朝以后，大约是由于僰人的迁徙、融合等原因，僰人的事迹一度不见于历史记载。尽管如此，但这个民族却一直没有绝迹，在隋唐以后又出现了。但是，这以后他们的出现大多是与中原王朝的矛盾冲突有关，汉籍的记载中对他们就没有什么好话了，但是客观上反映出的倒是他们民族性格的另一面。

《隋书·地理志》说岭南诸僚"俗好相杀，多构仇怨"。《新唐书·南蛮传》记载说："戎、泸间有葛獠，居依山谷木箐，逾数百里，俗喜叛，州县抚视不至，必合党数千人，持排而战。"这些说明僰僚民族是一个秉性刚直、暴烈强悍的民族，特别是四川珙县、兴文一带居住的僰人，唐以后的文献称他们是"晏州僚"、"葛僚"、"刚夷恶僚"、"五年夷"，文献记载着僰人和官府朝廷间的若干次战争。本来僰人披荆斩棘开创生存天地，就是具有战斗性的民族，当中原王朝把他们当作异类欺凌的时候，他们的斗争性就被激发了出来。这些僰人与中原王朝的斗争历代记载不断。

僰国虽然很久就不存在了，但历史上对僰人的记载却要长得多。一般而言，直到明清以后才逐渐不见记载。他们到哪里去了呢？一般的解释是，明末清初之际，天下大乱，尤其是张献忠的部属在四川的屠城，僰人为躲避祸乱，化整为零，从他们的聚居地"僰道"县（今四川宜宾市）散避出来，分布于现今的川南、黔北、滇东一带，从而融入这些地区的汉族和少数民族中。

明清之际的顾炎武还见过一些僰人，他在《天下郡国利病书》卷六十九中描述道："僰人有姓氏，用白练缠头，头尚青碧，背领袂缘俱刺文绣。裳裤覆膝，亦织斑带，以为行缠。尝佩双刀，善使劲弩。女绾发摄髻，饰以簪压，衫之前后文绣绚烂，长裙细褶，膝以下亦刺文绣。行缠杂以青紫，出则著草履。婚则论财，丧则戚邻咸聚，挝鼓作乐至夜，男女杂聚。"这些基本的装束，我们甚至在20世纪五六十年代的川南、黔北农民中还能看到影子。生活在清代康熙前后的陆次云在他的《峒溪纤志·僰人》中记载："僰人号十二营长，猡鬼、猰猪言语不通，僰人为之传译。披毡衫。女吹箫，有凄楚声。六月二十四日祭天过岁，朔望日不乞火。性悍好斗，卢鹿同声。又好佛，手持数珠。善诵梵咒，有祷辄应。"可见，僰人并没有消失，他们更多地融入西南众多少数民族中去了。

　　历史上的僰人，是一个历史文化悠久、英勇善战的民族。从西周到明朝末年他们经历了长达2500余年的时间。由于迁徙和融合等多种原因，后人在追述他们族属的时候，分歧很大，有认为他们是汉族的，有认为他们是古代氐族、羌族的，也有认为是今天云南地区的彝族、白族、傣族、布依族的，甚至有认为他们是古代的越族等，不一而足。因为僰人没有留下文字供后人去探寻，这种争论恐怕还会继续下去。从今天人们已知的情况看，由于僰人最早在今天的四川省宜宾市建立了"僰侯国"，因此其在以宜宾为中心的川南地区和之后重要的迁居地、以今天云南省昭通市为中心的滇东北地区积淀的文化最为深厚，也最有代表性。

　　僰人的文化留存到今天最有代表性的主要有以下三项。

　　第一项是悬棺葬。

　　悬棺葬是古代少数民族的一种葬制。僰人悬棺主要分布在四川省宜宾市境内，珙县、兴文、筠连等县境内均有分布。《珙县志》载："珙本僰地，僰人多悬棺。"早在1956年宜宾悬棺就被列为省级重点文物保护单位，现为全国重点文物保护单位。僰人悬棺被称为世界之最、巴蜀一绝。

　　僰人悬棺主要集中在珙县麻塘坝和苏麻湾两地，以将死者的棺木放置在悬崖绝壁上为特征，共保存有悬棺265具，是目前国内保存数量最多、最集中的地方。置棺高度，一般距离地表10~50米，最高者达100米。置棺方式，一为木桩式，即在峭壁上凿孔2~3个，楔入木桩以支托棺木；二是凿穴式，即在岩壁上凿横穴或竖穴，以盛放棺木；三是利用岩壁间的天然洞穴、裂缝盛放棺木。棺木头大尾小，多为整木，用子母扣和榫头固定。

上游之国

「僰人悬棺」

采用仰身直肢葬,麻布裹尸身,随葬品置脚下两侧,多寡不定,有陶瓷器、木竹器、铁器和麻织品,其中麻织品最多,有少量的丝织品。其时代,上限未知,下限为明代。

我国古代的南方民族中,百越、干越、僚人、僰人等民族都有悬棺葬的习俗。可以说悬棺葬在古代的西南民族中是实行较广的一种葬式。伴随着悬棺葬,其神奇的传说,神秘的文化,独特的葬式,耐人寻味,千古难解。那么僰人为什么采取这种独特的悬棺葬形式呢?现在的研究表明,主要是为了防止野兽掘坟啮尸,可见这是当时的生存环境所决定的。

第二项是岩画。

伴随着悬棺的,通常还有色彩鲜艳、栩栩如生的岩画。这些岩画形象地再现了僰人时代的自然环境、社会生产、民风民俗、宗教信仰,令人折服。特别值得提到的是珙县麻塘坝"僰人岩画"。它分布面最广,内容最丰富,形象最多彩,是僰人岩画的典型代表。麻塘坝悬棺相对集中在棺材铺、狮子岩、九盏灯、大洞口、邓家岩、三仙洞、珍珠伞和老鹰岩等处。一般都画在悬棺周围的岩壁、岩框上,多数用红色,少数用白色,至今有的色泽犹新。绘画采用的是平涂的手法,虽然线条粗犷,但多形而又传神,人物极富变化和动感,题材十分广泛,内容丰富多彩。有舞蹈、体操、杂技、刑术、击剑、赛骑、踢毽、球戏、钓鱼、狩猎、征战、各种动物以及刀矛、车轮、日月、太极图等图案,构图简练,形态动人,乍看起来确实栩栩如生。岩画往往与悬棺相配,似乎有某种象征意义。

画岩壁画的目的,不外乎是安慰死者,或者借以增加死者威望,以慑服生者;或者表示死者所属的民族、部落的徽志。人物画有舞蹈、钓鱼等画幅,大概是安慰死者用的;还有跃马战场的战斗画幅,大概是为了夸耀死者的威武功业,使生者对他更加尊重。岩壁画还有更为重要的作用,在于反映实行悬棺葬的人的宗教信仰和精神世界,正是从这种宗教信仰出发,一整套丧葬礼制才逐渐形成起来。

这些珍贵的艺术品，无疑是中国古代僰人的杰作。它生动地记录了当时僰人的生活情况和战斗风貌，具有较浓厚的乡土气息，称得上中国民族艺术的瑰宝，后人也可以依靠这些岩画了解僰人的社会、生产生活和思想艺术水平。

第三项是习俗与遗存。

在很多僰人生活过的地方有一种习俗叫"赛神节"，主要活动就是"槌牛祭祖"。这是僰人最古老原始的杀祭习俗。古僰人认为牛血和牛头是最上等的祭品，用以祭祀祖先，可被神灵佑护，获得丰收。据史料记载，每年农历九月是古僰人祭天地神灵祖宗的日子。每到这一时间，僰人都要大肆庆祝，宰杀牛羊，大摆筵席。当天的僰人无论男女老少，地位尊卑，都要齐聚山寨，个个开怀畅饮，狂欢作乐，通宵达旦。

「僰人岩画描绘」

农历九月初一至初九是僰人最隆重的"槌牛节"，僰人各部落皆要倾寨而出，聚集于一地，槌牛宰羊，在最高都老的主持下，举行丰富多彩、古朴隆重的盛大祭祀活动。届时，将进行祭石祖、立天梯、挂王旗、接天水、迎请太阳神鸟、铜鼓开光、赐福消灾平安天会，僰人都老地窖酒封坛存洞仪式，祭山狩猎等祭祀活动，并对年满十三岁的何家孩童进行成年仪式——椎发凿齿。僰人后裔每晚将在古僰寨燃起熊熊篝火，跳起欢快的传统族舞，烤食猎获的兽禽，表演上刀山、下火海、舔红铁、吞竹筷、下油锅等民间绝技。

僰侯庙。该庙建于宜宾城东3公里的白沙湾长江之滨。由于宜宾是古僰侯国的中心，是秦汉前僰人的主要聚居地。后人曾在此建庙纪念。可惜最初的建庙年代不详。据现存的《重修古都会庙碑记》载，现在我们看到的建筑物为清嘉庆十四年（公元1809

「僰侯庙」

年）所建。应该说最初的建庙要远远早于这个时代。

庙为木结构建筑，门用石条建成，门额有"古都会庙"，两面加楹联："随周武伐殷商以还，受侯封而世袭；看龙山与凤首并峙，蔚僰道之人文。"可惜上联已毁。这也是研究古僰人历史文化的重要实物资料。

僰人虽已远去，但近些年来随着人们对文化的重视，作为我们传统文化一部分的僰人文化，也日益受到人们的重视。宜宾市兴文县是僰人的重要聚居地，其王城在现九丝山上，现兴文石海景区内保存有古僰人的寨子，陈列有古僰人时期的生产用具、兵器、生活器具、祭祀用品等。为进一步发展兴文县旅游产业，把兴文县旅游资源更加优化地展示在世人面前，兴文石海景区每年都会在国庆节期间举办僰人赛神节活动，向国内外游客展示独具特色的僰人文化。

巴 国

巴国，是指以姬姓巴王族为主体，并包括其疆域内的其他族群，先后以陕东南和四川盆地东部及鄂西为中心，而其四至因时而异的地域范围内所建立的国家。

在相当于中原的夏商时代，古代文明的一些要素开始在峡江巴地出现，成为巴地古代文明的曙光。到商周时代，早期青铜文化开始在渝东长江干流地区萌芽，昭示着巴早期文明的起源。东周时期，由于巴国文明的南移、进入与推动，巴地的青铜文明进入全盛时代。

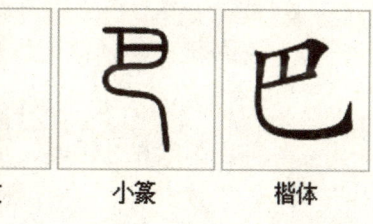

「"巴"的各种字体」

巴国的起源很早。它最早见于《山海经·海内经》记载："西南有巴国。太皞生咸鸟，咸鸟生乘釐，乘釐生后照，后照是始为巴人。"太皞即伏羲，后照为巴人始祖。

巴国的建立有个传奇故事。据《后汉书·南蛮西南夷列传》说："巴郡南郡蛮，本有五姓：巴氏、樊氏、曋氏、相氏、郑氏。皆出于武落钟离山。其山有赤黑二穴。巴氏之子生于赤穴，四姓之子皆生黑穴，未有君长，俱事鬼神。乃共掷剑于石穴，约能中者，奉以为君。巴氏子务相乃独中之，众皆叹。又令各乘土船，约能浮者，当以为君，余姓悉沉，惟务相独浮。因共立之，是为廪君。乃乘土船，从夷水至盐阳，盐水有神女，谓廪君曰：'此地广大，鱼盐所出，愿留共居。'廪君不许。盐神暮辄来取宿，旦即化为虫，与诸虫群飞，掩蔽日光，天地晦冥，积十余日。廪君伺其便，因射杀之，天乃开明。廪君于是乎君于夷城，四姓皆臣之。"

即最早的巴国是由五个氏族部落联合形成一个大型的部落集团，其中出于赤穴的巴人以武力和船技上的优势，获得了集团的领导权。巴人首领名叫务相的人成为该集团的首任领袖，称廪君，他是以白虎为图腾的巴人首领。该部落集团溯流而上，同样凭借武力和船技战胜了原住民，控制了清江流域及巫溪河流域的盐业生产，在夷城（今湖北长阳土家族自治县境内）建立了巴国第一个首都。

《华阳国志》载：当年大禹"会诸侯于会稽，执玉帛者万国，巴、蜀往焉。"巴国加入夏王朝，成为夏王朝的诸侯之一。《山海经·海内南经》记载："夏后启之臣曰孟涂，是司神于巴，巴人请讼于孟涂之所，其衣有血者乃执之。是请生。居山上，在丹山西。丹山在丹阳南，丹阳居属也。"《竹书纪年》也记载："帝启八年，帝使孟涂入巴涖讼。"这表明夏王朝曾向巴国派驻过代表。

夏末商初，巴国作为夏王朝的一部分，参与了夏与殷的斗争。目前所知，直到夏灭亡的时候，巴国没有成为商的同盟。《山海经·大荒西经》记载："有人无首，操戈盾立，名曰夏耕之尸。故成汤伐夏桀于章山，克之，斩耕厥前。耕既立，无首，走厥咎，乃降于巫山。"巫山，即巴国所在。信息显示，巴国收留了夏亡国后的遗民。

历史文献上多次记载巴国，主要是在殷商时代，此时巴国已见称于世。殷墟甲骨文称为"巴"或"巴方"，是商代很活跃的一个方国。但很多情况下，它是作为王朝的敌对力量出现的。

在公元前1046年周武王伐纣的时候，巴国的积极响应也是顺理成章的事。《华阳国志·巴志》记载:"巴师勇锐,歌舞以凌殷人,前徒倒戈,故世称之曰'武王伐纣,前歌后舞也。'武王既克殷,以其宗姬封于巴。"战斗中,巴人的军队以其勇猛的战斗力,作为前锋冲锋在前,致使殷人前徒倒戈。同时这支军队又是有歌有舞地参加战斗,可见是一支讲究军仪、训练有素的威武之师。由于巴人对西周王朝的建立作出了贡献,因此,西周王朝建立之初,周武王就分封宗姬于巴,使其成为最早受周王室分封的姬姓诸侯之一,将其并入周王朝的疆域。

在西周的外服诸侯制中,巴国班列男服,对周王室有职有贡。其职守为镇抚南国,捍卫王室,其贡献主要是当地农副产品。《华阳国志·巴志》说巴国,直到春秋时期仍"班倅秦楚,示甸卫也",甸即甸服,"治田入谷"之义,卫即"卫服","为王捍卫"之义,即巴国对周王室仍然承担着保卫王室和朝贡的职责。但春秋时代,王纲解纽,诸侯纷纷僭越逾制,巴国虽然还奉守职责,和秦、楚、邓等诸侯国一样。但在周王室礼崩乐坏的形势下,其政治经济军事力量也急剧膨胀,图谋东出汉东,扩张江汉,因而一度与楚国结成联盟,扫荡江汉间小国,先后讨伐邓国、申国,也和秦国、楚国联合灭掉庸国。但联盟和战争过程中,楚国也对巴国强大的实力有了警惕。

由于利益之争,后来巴国和楚国的盟约破裂,巴、楚反目为仇,二国先后于公元前676年、公元前477年发生过大规模的交战,最后以巴国的战败而告终。最后,巴国慑于楚国的锋芒,被迫放弃汉水上游的故土,南下长江流域,转入渝东长江干流和四川盆地东部,重建自己的统治势力范围。楚国也因此夺取了巴国经济的根基——位于巫溪和清江的盐业基地,力量更加强大了。相应地,巴国的力量走向衰弱。

战国时代,随着中原七国称王,巴国也开始称王。就疆域而言,"其地东至鱼复,西至僰道,北接汉中,南及黔涪",虽然疆域广阔,但毕竟实力衰落了,巴国在四川盆地东部地区五次迁都,先后在江州(今重庆)、垫江(今重庆合川)、平都(今重庆丰都)、阆中(今四川阆中)、枳(今重庆涪陵)建立都城。巴国五次迁都,都同当时的政治军事局势的急剧变化直接相关,每次迁都都更加远离战场。到战国中期,随着楚国军事力量向长江上游的大力推进,巴国在渝东长江干流的版图几乎完全被楚国鲸吞,巴王室只得退保阆中，而将渝东重镇枳交由巴王子据守。尽管如此，也仍然难以阻挡楚国沿江西进的凌厉攻势。

除此之外，巴国更不能阻挡西北部强秦的统一步伐。巴国还和它最近的邻国蜀国经常发生战争。蜀王弟弟苴侯是个亲巴派。周慎靓王五年（公元前316年），蜀王讨伐苴侯。苴侯逃奔到巴国避难。巴国眼看也难以对抗，就求救于秦国。秦国当时是惠文王当政，在这之前表面上与巴国、蜀国都交好。现在惠文王看到机会来了，就派遣张仪、司马错救巴国、苴国，讨伐蜀国，把蜀国给灭了。张仪贪恋巴国、苴国的富足，于是移师东进，攻取巴国的重镇江州和阆中，索性也把巴国、苴国的国王抓起来带回了秦国。秦国随后在蜀国、巴国和苴国的范围内设置了蜀郡、巴郡及汉中郡，在江州筑城，使其成为后来秦始皇36郡的一部分。

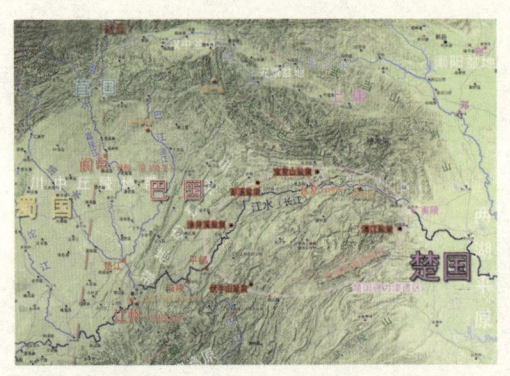
「巴国示意图」

按照巴国历史的发展，巴国疆域的历时性变迁大体上是：商周时代，据有汉中东部；春秋时期，向大巴山东缘发展；春秋末叶，举国南迁至长江干流鄂西、渝东之间；春秋战国之际，渐次进入长江、嘉陵江、渠江、乌江之间的渝东地区和四川盆地东部，并兼有与鄂、湘、黔相邻之地。

巴国虽然不存在了，但它留下了大量丰富的文化遗产供人们去探寻。

（一）新石器时期的大溪文化遗存

「大溪文化遗址」

1987年以来，清江隔河岩考古队、高坝洲考古队先后对清江中下游地区进行了数次考古发掘，共发掘出新石器时代遗址6处。这些遗址地层中出土文物主要有石器、骨器、陶器等。它们应该是巴文化地区远古人类的文化遗存，从中我们可以了解到更多历代文献中没有揭示的历史。

(二)廪君时期的氏族文化遗存

如今在清江中游地区调查发现的相当于中原夏、商、周时期的古文化遗址，主要分布在湖北省的长阳县境内，共有4处，即香炉石遗址、桅杆坪遗址、南岸坪遗址、深潭湾遗址等。在长阳以西的巴东、建始、恩施境内的一些遗址中，也发现有零星的商、周时期的陶器碎片。在上述几处被确认的早期巴人遗存中，以香炉石遗址最具代表性。

「香炉石遗址」

香炉石遗址的地层堆积自上而下可分为7个层位，遗址地层堆积中出土文物十分丰富，仅首次发掘的400平方米的面积中，就出土各类石器、骨器、陶器、兵器等多达9240件。而且这些文化遗物自夏、商时期开始至春秋战国时期从未间断，被学术界确认为是属于"早期巴文化遗物"。这些可以使我们了解巴人文化与中原文化的联系与区别，对探讨巴文化与西南各少数民族文化之间的关系提供帮助。

「香炉石遗址出土的陶器」

(三)西周至秦汉时期的巴王朝陵墓遗存

「工作人员修复巴王朝陵墓出土的铜器与陶器」

1972—1984年，考古工作者在涪陵市区东南19公里的乌江西岸，属于白涛镇陈家嘴小田溪的地方，发现并发掘出8座长方形竖穴土坑墓。棺木已朽，但铜环(兽面衔环)位置大体整齐，漆木痕迹明显，随葬品部分埋在土中保存原状，被盗文物已基本追回。该墓被确定为巴王朝陵墓。

> 巴王朝陵墓中出土文物众多,总数为 189 件,其中青铜器 173 件。有生活用具 41 件,分别为釜、甑、鍪、勺、豆、壶、罍等;兵器 54 件,为戈、矛、剑、钺、弩机、箭镞等;生产工具 3 件,为铜质凿、斤;乐器 37 件,有编钟、钲、錞于等;陶器残片 54 件。

在 1954 年的城市基建施工中,在北距重庆 44 公里的巴县铜罐驿镇东冬笋坝发现一处巴王陵墓群,随即进行了发掘。先后清理墓葬 81 座,出土文物近千件,对研究巴国历史有重大价值。已清理的 81 座墓中,巴蜀特有的船棺葬 21 座。船棺葬是巴蜀在战国至秦汉时期的特有墓葬形式。船棺墓中多有随葬品,主要为陶器、青铜容器、兵器。容器中以铜炊爨器为常见,兵器中主要以巴式柳叶剑和圆刃折腰式铜钺为主。

(四)巴民族之魂——巴蔓子将军

这是巴国最为著名的传说。

相传战国中期,巴国走向了衰落,一些贵族趁机向巴王室索取政治经济利益,以至于发动了武装叛乱,人民遭受了深重灾难。驻守在巴国东部边境的巴蔓子将军决定赶回国都江州平乱,但他掌握的兵力却不足以战胜贵族武装,巴蔓子决定向东边的楚国借兵。在楚国国都郢,巴蔓子向楚王说明了来意,恳请楚王出兵。楚王答应出兵,但却提出了一个条件,要巴蔓子割让他驻守的三座城池,同时要他把儿子送到楚国当人质。楚王说:"他什么时候来,你什么时候把军队带走。你看怎么样?"

以人质作抵押,在战国时代也是一种外交惯例,目的是取得诚信。但那样一来,时间就被耽搁了,巴国的内乱恐怕已经无法收拾,借兵就失去了意义。巴蔓子一下急了,对楚王说:"不行!楚王如果怀疑我的诚信,这个兵不借也罢!你如果还相信我,今天就让我把军队带回去。到时候你拿不到

「巴蔓子将军塑像」

三座城池，我把脑壳砍给你！我巴蔓子从来说话算话！"楚王见一向耿直的巴蔓子把话说到这个份儿上，也不好再说什么，答应立即出兵。

巴蔓子带着楚军赶回江州，很快打垮了贵族叛乱武装，恢复了国内秩序。过了些日子，楚王派出使臣找到巴蔓子，要求他兑现当初的承诺，将三座城池割让给楚国。巴蔓子对楚使臣说："不错，当初我的确答应过，但那是楚王乘我国遭遇危机强加给我的条件，我作为将军本来就守土有责，岂能私下将三座城池割让给他国。尽管如此，当初我答应了楚王，也一定要信守承诺，决不让你这个使臣为难。城不能割，但我的头可以割。用我之头，充我之城，以谢楚王，这样可以吧？"巴蔓子边说边抽出佩剑，一下将自己的头割了下来。奇迹在这时发生了：断头之后的巴蔓子仍然站立着。史籍记载："蔓子乃自刎，以头授楚使。"

楚国使臣没有完成接收巴国三城池的任务，只得将巴将军的头颅带回国去复命。楚王听罢不禁深受感动，说："假使我们楚国能得到巴蔓子这样忠勇义气的将军，又何必在乎那几座城池呢！"于是下令以上卿之礼厚葬了巴将军的头颅。巴国也为巴将军举行了国葬，其无头之躯埋葬在国都江州，任后人缅怀凭吊。

民间传说中的巴蔓子将军，既是忠勇爱国精神的化身，也是中国西南地区人民重义气、讲诚信、护国爱民、舍生取义传统道德风尚的代表。相传三国时代，巴郡守将严颜被蜀将张飞打败，张飞要他投降，严颜就说："巴国自古以来只有砍头的将军，没有投降的将军。"这让张飞深受感动，于是义释严颜。严颜所说的砍头将军就是巴蔓子，可见巴蔓子将军的精神一直在激励着巴地的后人。唐太宗贞观八年（公元634年），为了纪念巴蔓子将军和严颜将军，把当地地名改为"忠州"——这是当年巴蔓子将军不愿献出的三座城池之一。位于今重庆渝中区七星岗莲花池街的巴蔓子将军墓（又称巴君墓、将军坟），历代都受到人们的祭奠和缅怀。

「巴蔓子将军墓」

(五)巴寡妇清

巴国有位名叫清的寡妇,人称"巴寡妇清",大约去世于秦朝初年。本来她也就是一位普通商人的妻子,在丈夫死后,她清守贞操没有再嫁,带领着家族通过开发当地的矿业,积累了数不清的财富,家中仅僮仆就有千人。她凭借雄厚的财力保一方平安,也捍卫了自己的尊严。史书称赞她"礼抗万乘,名显天下",成为当时全国有影响的人物。此外,她还为秦始皇修筑万里长城提供过资助。这说明她还是一位有政治头脑的人物。秦始

「巴寡妇清塑像」

皇对她十分敬重,尊称她为"贞妇"。她死后埋葬在自己的家乡,即今天的重庆市长寿区江南镇龙山寨。秦始皇下令在其葬地修建"怀清台"。巴寡妇清被后世视为巴国、巴郡时期重庆地区工商业高度发展的标志性人物,西汉史学家司马迁在《史记》中对她予以肯定性的赞扬。

(六)巴渝歌舞

"巴渝舞",是古代巴渝地区的民间武舞。中国古代典籍记载最古老的音乐创作产生于巴地。巴渝舞来源于商朝末年巴师伐纣时的"前歌后舞"。巴渝舞的特点:舞风刚烈,音乐铿锵有力,属武舞、战舞类型。"剑弩齐列,戈矛为之始。进退疾鹰鹞,龙战而弱起","退若激,进若飞。五声协,八音谐",由此可见,巴渝舞表现出惊心动魄的艺术效果。

汉初,巴渝舞被刘邦引入宫中,成为宫廷乐舞,既供宫中观赏,也成为接待各国使节贵宾的乐舞,还成为王朝祭祀乐舞、天子丧礼乐舞。那时巴渝舞几乎成了国家乐舞。三国曹魏时巴渝舞更名为"昭武舞",西晋时将"昭武舞"易名为"宣武舞"。唐时,巴渝舞仍为宫廷乐舞之一,唐以后,巴渝舞便从宫廷乐舞中消失了。尽管如此,在民间,巴渝舞遗风犹存,川东巴人后裔的踢踏舞、摆手舞、腰鼓舞、盾牌舞,就是古代巴渝舞的流变,现存的薅草锣鼓、花鼓调、花灯调、莲花落、川剧帮腔、川江号子、船工

号子、劳动号子、翻山铰子等都和巴渝舞密不可分。

既然是"前歌后舞",就是除了舞之外还有歌曲。歌曲是什么歌曲?现在已经不能确切知道了,但肯定是一种易唱的通俗类歌曲。稍后的楚国文学家宋玉在《对楚王问》中有这样的描述,说有位外地人在楚国的都城唱起《下里巴人》,没想到国中能够跟着唱和的人有"数千人"。这一方面说明巴国文化对楚国文化的影响力,另一方面也说明这种通俗歌曲的生命力很强。"下里"就是"乡下"的意思,它源自巴国的普通民众,反映了民众生产生活的最基本的情感。今天生活在湘鄂地区的土家族被认为是巴人的后裔,他们能歌善舞的民族特点应该是有来历的。

(七)巴人神话

巴国的历史既然如此悠久,它也留下了大量的神话传说。巴人自然神话有"比翼齐飞"、"巴蛇吞象"、"白虎神话",巴人英雄神话有"廪君传奇",巴人神女传奇有"盐水神女"等。

比翼鸟,名叫鹣鹣。相传是巴人在参加周成王盟会的时候作为方物敬献的,这种鸟是巴人的所爱。其特点是,都是成双成对的,伫立不动的时候安安静静,要飞就要一起飞,一只鸟的时候绝不会飞的。两只鸟平时无论飞翔栖止还是喝水饮食,都会在一起。据说这种鸟还能通达宿命,可以死而复生。因为珍贵且人们见得又少,在后世文人的描绘中给了这种鸟以很多的传奇故事。又说两只鸟其实各有一足一翼和一只眼,必须相谐而飞才行。能够看到这种鸟的人都会有好运,能够骑一下这种鸟就能够活到一千岁。这些传说其实反映的是巴人对于生命、人际关系和家庭的信念。该鸟的这种特性常被后人比喻为和谐的夫妻情感,作为中国一句成语典故,同时也成了文学创作中的一种象征物和意象。

"巴蛇吞象"的传说,是"人心不足蛇吞象"的最初来源。相传巴地有种蛇,黑身子、青脑袋,长有800尺。它可以吞掉一头大象,但要经过三年的消化时间才能把大象的骨头吐出来。这种吐出来的象骨成了一种神奇的药,人们吃下之后肚子里再也不会有什么毛病。这个传说也说明,即使像巨大的巴蛇,要想吞下一头大象也不容易。

但是在民间传说中,故事却变成了另外一种情节。说是有个农民在山上砍柴,看到一条小蛇冻得发僵,非常可怜。农民就把小蛇揣在怀里带回家中喂养,后来小蛇长大能够自己生活了,农民就把它放在山后的石洞里。这条蛇用它神奇的力量,先后用各种方法帮助这个农民使他过上好日子。这个农民后来为了荣华富贵,先后要求蛇为朝廷贡献巨大的灵芝,要求蛇献出一只眼睛,蛇都照办了,最后已经当上了宰相的农民想长生不死永葆富贵,听人说吃了这条蛇的心就可以做到,于是他前去要求蛇献出一颗心,成全他的这个愿望。蛇看他如此贪心不足,不可理喻,就张口让他进到肚子里自己去挖。这个贪婪的宰相一靠近蛇口,就被大蛇吞进了肚子里再也没有出来。

显然,不管是"蛇吞象"还是"蛇吞相",反映的都是人或动物的一种控制不住贪婪欲望的现象,多少带有一些哲学上的意味,是构成传统人生观的一个要素。产生和流传于巴地的其他神话传说也多是如此,从中能够折射出了巴人的社会生活观念,同时也构成了中华智慧的一部分。

蜀 国

蜀,也被称为古蜀国或蜀国,字面意思是葵蚕国,是在四川盆地北中西部长期存在的古国,曾有很长的历史时期。不同时期发展出的文化包括宝墩文化、三星堆文化、金沙文化、十二桥文化等。一说认为,蜀地文明自岷江上游冉族和羌族兴起,从原始氏族部落开始,后来发展起来的原住冉族取代了羌族在蜀地的优势统治,兼并了很多其他部落。多族经过长期的部族融合,变为蜀族,处于庞大的原始氏族部落向奴隶制国家转型的时期。

商朝末期,古蜀国参加了武王伐纣的战争。古蜀国军队是伐纣联军中最具战斗

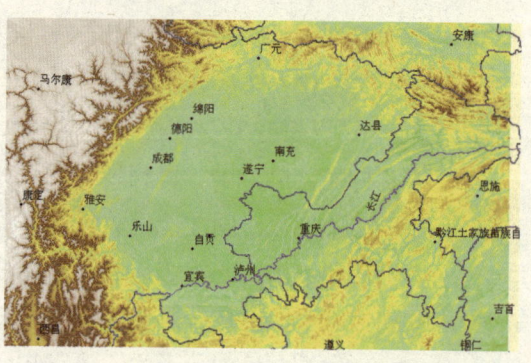

「四川盆地地形图」

力的队伍之一，排名仅在庸国之后，是推翻暴君商纣王的重要力量。有资料显示，西周建立之后，部分蜀人曾被征调到渭河流域的周族故地协助镇守，这是明确记载蜀人外迁的一次活动。

关于蜀国早期的历史，由于时代久远又缺乏文字记载，因此和其他的民族部落一样，其开辟时期的历史是由传说构成的。而且有一个规律性的现象，就是传说往往接着历史，历史中又夹杂着传说。

相传约在公元前3000年，黄帝娶蜀山氏的女子为妃，生下蚕丛——也有一说是黄帝为其子昌意娶蜀山氏女子为妻，生子高阳，是为帝喾。封其支庶于蜀，世为侯伯。蚕丛是其后代——但人们多以前说为主。蚕丛后来成为古蜀国开国之君。在文化学上，国君的名称往往代表着那个时代的文化特征，"蚕丛"表明那个时代农耕和织作已经兴起。夏商时期，鱼凫成为古蜀王，率领蜀人从茂汶盆地东迁至广汉平原。古蜀国由原始社会进入奴隶社会，鱼凫是蜀国奴隶制政权的第一位统治者。

传说虽然不是那么可靠，但人们的精神还是需要一个依靠，一个部族或民族的早期发展必须要有个交代。唐代诗人李白在其《蜀道难》中曾慨叹："蚕丛及鱼凫，开国何茫然？"由于古蜀国历史的久远，后人感到茫然无知，只能照前人的传说来理解了。李白的这句诗表明，蚕丛和鱼凫的开国和立国在唐代也是人们不得不信的传说。

在传说构成的时代谱系中，蜀国共经历过蚕丛、柏灌、鱼凫、望帝杜宇、蜀王杜芦（开明氏）等时期，其中很多时候几个王长期用同样的王号，因此先后共有13位君王在位，存在了729年。

关于古蜀国历史的文字记载，最早见于西汉末年扬雄的《蜀王本纪》。这本书已经失传，但是我们可以从其他书对其征引中见其大概："蜀之先称王者，有蚕丛、柏灌、鱼凫、开明。是时，人萌椎髻，左衽，不晓文字，未有礼乐。从开明已上至蚕丛，积三万四千岁。蜀王之先名蚕丛，后代名曰柏灌，后者名鱼凫。此三代各数百岁，皆神化不死，其民亦颇随王去。鱼凫田于湔山，得仙。今庙祀之于湔。时蜀民稀少。"可见，传说大于史实，它告诉了人们古蜀国的传承顺序和社会发展概况。至于年代"三代各数百岁"，就算各八百岁，也只能是两千多年，达不到"三万四千岁"。东晋常璩的《华阳国志·蜀志》也继承了这样的记载，但又有补充。

他说蜀侯蚕丛的眼睛是竖着长的，死了之后用的是石棺、石椁，他的百姓也继承了这个传统。他认为那些用石棺、石椁下葬的人都是蚕丛的后代。

蚕丛作为蜀族的始祖，最早活动于四川盆地西北部的岷江上游。《汉书·地理志》记载汉代的蜀郡有蚕陵县，应该是蚕丛的故地。据考证，蚕陵故城在今四川省松潘县南界的叠溪。在岷江上游，有不少遗迹传说与蚕丛有关。前面提到的《蜀王本纪》说："蚕丛始居岷山石室中。"在叠溪之西有蚕陵山。清代陈登龙撰《蜀水考》记载："(岷江) 又南过蚕陵山，古蚕丛氏之国也。"灌县西有蚕崖关、蚕崖石。明代的《蜀中名胜记》卷六记载："《方舆胜览》云'蚕崖关在导江县西五十里，以振西山之走集。'《外史》云'关去县廿里，实汶川地，有巨石高丈余，峙山之麓，土人云：此蚕崖石也。关以此得名。'"这些记载一定程度上可以反映出蚕丛族曾在这一区域生活过。

结合文献中记载以及考古材料的分析，可大致推定蚕丛时代与中原的黄帝时代属同一时期。

蚕丛之后古蜀国进入柏灌时代。关于柏灌，历史记载极少且有出入，但皆本于扬雄的《蜀王本纪》。后世各种书中有的写作"柏灌"、"柏濩"，也有的写作"柏雍"、"柏滢"。但都记为蚕丛之后、鱼凫之前蜀人的又一统治者，其经历数百岁，应代表的是蜀人又一部族的长期统治而不是一个人。

柏灌之后就是鱼凫王朝时期。历史文献关于古蜀国鱼凫王朝的记载同样极其简略，《太平御览》引《蜀王本纪》和《华阳国志·蜀志》的记载都表明，鱼凫是蚕丛、柏灌之后蜀地的第三代王权，曾活动于或者说最后活动于湔山一带，湔山在今四川都江堰市境内。又据《读史方舆纪要》卷七十一《彭山县》记载："鱼凫山在县东北二里，或曰鱼凫津也。"《四川通志》卷四十九《温江县》记载："鱼凫城在县北十里，相传古鱼凫氏所都。"综合这些信息，可知鱼凫部族作为蜀族的一个分支群体活动于川西平原，并成为蜀国的统治集团。

接下来就是杜宇王朝。汉代扬雄《蜀王本纪》云："后有一男子，名曰杜宇，从天堕，止朱提。有一女子，名利，从江源井中出，为杜宇妻。乃自立为蜀王，号曰望帝。治汶山下，邑曰郫，化民往往复出。"这段材料说明，有个叫杜宇的人从天而降，遇到了一位从水井里面出来的叫"利"的女人，两人结为夫妻。杜宇自立为蜀王，号称"望帝"，在汶山之下建立城邦实行统治，民众越来越多。从现代文化学的角度，并结合后世川南、滇北地区的传说来看，这位名叫杜宇的历史人物是个外来民族之人，靠着他的实力成了这片土地新的统治者。前面所言蜀地的每位统治者的统治时间都是那么的长——虽然未必能够长到几百上千年，只能有一种解释，就是这些统治者都不是一个个人，而是代表着一个部族。他们在一段时间内就是这片土地的主人，然后再换成另一个部族，但在后世的传说中却容易给人一种一脉相传的感觉。

如果这个推测成立，杜宇是外族人，那么他是哪个部族的人呢？根据一些资料和后世传说推断，杜宇应该是我们本书讲到的僰人（也就是濮人）。

《华阳国志·蜀志》中关于杜宇时代的记载与《蜀王本纪》所记大同小异，或更为具体："后有王曰杜宇，教民务农，一号杜主。时朱提有梁氏女利游江源，宇悦之，纳以为妃。移治郫邑，或治瞿上。巴国称王，杜宇称帝，号曰望帝，更名蒲卑。自以功德高诸王。乃以褒斜为前门，熊耳、灵关为后户，玉垒、峨眉为城郭，江、潜、绵、洛为池泽，以汶山为畜牧，南中为园苑。会有水灾，其相开明，决玉垒山以除水害。帝遂委以政事，法尧舜禅授之义，禅位于开明。帝升西山隐焉。时适二月，子鹃鸟鸣。故蜀人悲子鹃鸟鸣也。巴亦化其教而力农务，迄今巴蜀民农，时先祀杜主君。"

这段材料的重点在于杜宇"教民务农"，杜宇把外地——应该是中原地区的先进农耕文明带到了这块盆地，经济的发展使他统治的辖区不断得到扩大，不仅郫是其都城，还曾移治"瞿上"。除此之外，材料中还提到"熊耳"等地名，这是僰（濮）人迁徙各处必带的一个地名标志，也是高阳氏后裔的一个图腾标志。上面提到一种传说，认为蚕丛是黄帝之子昌意的儿子高阳氏的后裔，倒是正好与这里所言杜宇的统系相对应。这段材料还告诉我们，杜宇自号望帝的时间大约在中原的春秋中后期（这一点与其他的记载也有矛盾的地方）。他在自己统治后期，把统治权禅让给了丞相开明，自己却归隐。虽然不理政事了，但一般的百姓都还怀念他，每年到了二月份杜鹃鸟悲鸣的时候，人们就想起他。杜宇带来的先进农业技术，不仅使蜀国得以富强，还影响到了它相邻的巴国。在后世杜宇一直作为巴蜀地区的农业神，受到人们的祭奠。

开明氏，后世称为蜀王杜芦，也是位外来人。相传在望帝晚年时期，荆州有个人叫鳖灵，他死后尸体突然不见了，人们怎么也找不到。其实鳖灵的尸体沿着长江溯流而上，一直漂到蜀国都城郫邑，他又活了过来，十分神奇。于是望帝就把他召来相见，倾谈之下知道他是个人才，特别擅长治水，就让他担任自己的丞相。当时蜀国的玉山经常爆发大洪水，就像上古时期帝尧时代的洪水一样。望帝治不了这么大规模的洪水，他就让鳖灵带领人们也像大禹那样治水，决开玉山，疏理河流，终于化害为利，给民众带来了富足。

还相传，鳖灵治水的时候常年在外，望帝却和他的妻子私通。这事被人们渐渐得知后，望帝的内心很愧疚。他觉得自己的德行远远不如鳖灵，于是就学习上古的尧、舜禅位，把国君的位置禅让给了鳖灵，自己退隐了。鳖灵即位后，号称"开明帝"，历史上又称作"丛帝"。丛帝之后的历史似乎比较清晰。一种说法认为自鳖灵称帝之后他的每一位后代都称"开明帝"，另一种说法认为直到他的第九代后人继位才开始称"开明帝"。这个时候才开始设立宗庙，制定了一系列类似于中原地区的礼仪，以赤色为尊，并开始称"王"。这时把蜀国的都城从一个叫"梦"的地方迁移到成都。

鳖灵之后的第二位蜀王卢帝在位的时候，曾发动攻打秦国的战争，甚至攻到了秦国的雍，从此结下了矛盾。周贞定王十七年（公元前451年），秦国进攻古蜀国，夺取战略要地南郑。10年之后，古蜀国又将南郑夺回。蜀王后期别封自己的弟弟葭萌于汉中，称为"苴侯"。可是这位苴侯却和巴国国王私交甚好，而巴国又与蜀国在四川盆地是世仇，于是蜀王震怒，要讨伐苴侯。苴侯吓得逃到巴国避难。巴国掂量着自己的力量也挡不住蜀国的兴师问罪，本着敌人的敌人就是朋友的原则，他们向秦王求救。周慎靓王五年（公元前316年），秦惠文王派大夫张仪、司马错等人率军从石牛道攻伐蜀国。蜀王败退到葭萌据守，最后还是大败。蜀王带领少数随从逃跑，在武阳这个地方被秦军所害。之后，他的丞相、太傅和太子一干人逃到逢乡，最后都战死在白鹿山，开明氏遂亡。相传开明王朝历经 12 代。

这年的十月，张仪、司马错等看中了苴国与巴国的富饶，顺势也把这两个国家给灭了。

在四川盆地蜀国故地，后世前后发掘出很多文化遗址。前面我们已经讲了，蜀国或蜀族应该是经过长期的不同部族的融合形成的，他们各个部落或支系肯定具有不同的文化因子。因此，蜀地出土的文化遗址现在还不能与蜀族的各个历史时期的文化完全对应。这种对应，包括区域的对应和时代的对应。这些都是研究的局限，相信假以时日，我们的困惑会越来越少。眼下我们只能以欣赏的态度，了解一个大概。

蜀地发现的文化遗址主要有以下四处。

（一）宝墩遗址

宝墩古城是川西地区最早和最大的古城，其建造年代约在公元前 2550 年，废弃年代在公元前 2300 年。面积先开始为 60 万平方米，后扩增为近 300 万平方米。宝墩古城应该就是蜀国开国时期的都城。

「宝墩遗址发掘现场」

> 宝墩古城遗址位于四川省成都市新津县城西北的龙马乡宝墩村，地形奇特，在一马平川的绿色沃野上凸现出一圈不规则的脊梁似的黄土埂子。埂内阡陌纵横，沟渠交错。沟底和两侧往往会发现一些散碎的砖瓦器物。

1995 年，成都市文物考古研究所、四川大学考古系及日本早稻田大学联合对宝墩村进行考古发掘，经过四个月的发掘后确认，黄土埂子圈起的地方是距今四五千年的古城遗址，散碎的砖瓦器物是蜀地先民早在四五千年前就进入文明的物证，比三星堆遗址和金沙遗址年代还要早，属成都平原古蜀文明的最早阶段。

(二)郫县古城遗址

「郫县古城遗址发掘现场」

「郫县古城遗址碑」

郫县古城遗址位于郫县古城镇,是成都平原多处史前城址中保存最为完好的一处遗址。遗址长约650米,宽约500米,总面积32万平方米,属新石器时代晚期,距今有4000年左右的历史。

1997年大规模考古发掘中发现了全国同时期最大的礼仪性建筑遗迹,引起了文物考古界和史学界的极大关注。城址中发现有用于防御的高耸城墙、礼仪性大房址、干栏式建筑、木骨或竹骨泥墙房址、长方形竖穴土坑墓和种类多样的灰坑等,出土了大量磨制精细的石器和装饰精美的陶器。

(三)三星堆遗址

三星堆遗址位于四川省广汉市西北的鸭子河南岸,南距四川省成都市40公里,东距广汉市区7公里,是一座由众多古文化遗存分布点所组成的一个庞大的遗址群。

考古学家将该遗址群的文化遗存分为四期。其中一期为早期堆积,属于新石器时代晚期文化,二期至四期则属于青铜文化。遗址群年代上起新石器时代晚期,下至商末周初,即距今5000年至3700年间,上下延续近2000年。

三星堆遗址群规模巨大，范围广阔，古文化遗存大多分布在鸭子河南岸的马牧河南北两岸的高台地上，遗址群平面呈南宽北窄的不规则梯形，沿河一带东西长5000～6000米，南北宽2000～3000米，总面积约1200公顷，是四川古代最大、最重要的一处古文化遗存，是四川境内目前探明的范围最广、发生时间较早、延续时间最长、文化内涵最为丰富的古蜀文化遗址。已确定的古文化遗存分布点达30多个，其中以南部的"三星堆"，中部的"月亮湾"、"真武宫"，北部的"西泉坎"，东部的"狮子堰"，西部的"横梁子"，以及向西延续的"仁胜村"、"大堰村"等遗址最为重要。前后共出土文物4000余件，包括大量的陶器、石器、玉器、青铜器、金器，具有鲜明的地方文化特征，自成一个文化体系，被考古学界命名为"三星堆文化"。

「三星堆博物馆」

其中，一号坑出土青铜器的种类有人头像、人面像、人面具、跪坐人像、龙形饰、龙柱形器、虎形器、戈、环、戚形方孔璧、龙虎尊、羊尊、瓿、器盖、盘等。二号坑出土的青铜器有大型青铜立人像、跪坐人像、人头像、人面具、兽面具、兽面、神坛、神树、太阳形器、眼形器、眼泡、铜铃、铜挂饰、铜戈、铜戚形方孔璧、鸟、蛇、鸡、怪兽、水牛头、鹿、鲶鱼等。这些青铜器的种类和风格在很多方面都迥异于中原地区的青铜文化，反映了此地特有的文明。

「三星堆遗址1号祭祀坑（左）、2号祭祀坑（右）」

其中金杖长142厘米，重780克，全用纯金皮包卷而成。杖上刻有人像高181厘米，座基79厘米，总高度达260厘米，重300余斤。它是世界上出土年代最早、体型最大的一件青铜器。青铜神树高350厘米，树上挂有许多飞禽走兽、铃和各种果实，是古代巫师们专用的神器。另外还出土有青铜头像40余种，面具10余件。

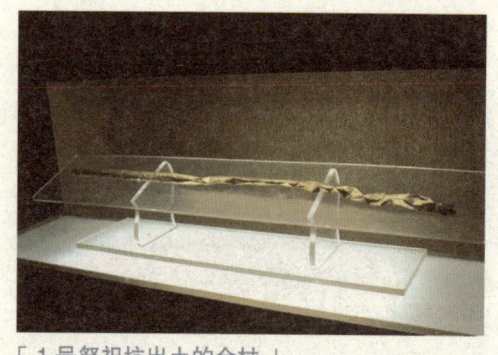

「1号祭祀坑出土的金杖」

三星堆这批前所未有的珍贵文物的发现把古蜀国的文明史向前推进了1500年，因此在世界考古学界引起了轰动。

在三星堆的两个祭祀坑发掘中，还出土了共计80多枚象牙，它的来源和作用在学术界有多种观点，有的认为是通过贸易而来，有的认为在远古川内的生态环境适合大象的生存，其证物主要是在当地发现大量的半化石状乌木，单体巨大。但无论其来源怎样，都可以认为它是统治者财富的象征。

三星堆出土的青铜器，有造型各异的青铜人头像，出土时很多面部均有彩绘，有的在耳垂上穿孔，用以挂戴耳环耳饰，反映了我们先民的审美观。很多青铜人头像，虚实结合，其造型上的文化寓意给我们今天留下了很多谜团有待解释。除了这些青铜造像外，还有许多用于祭祀的尊等，有形态各异的各种动植物造型，其中被誉为写实主义杰作的青铜鸡、有在国内首次出土的青铜太阳形器等一大批精品文物。这些青铜器与中原青铜文化有显著区别，表明三星堆文化不仅是古蜀文化的典型代表，也是长江上游的一个古代文明中心，从而再次雄辩地证明了中华文明的起源是多元一体的。

「青铜人头像」

「青铜太阳形器」

三星堆文物遗址的发掘，填补了中国考古学、美学、历史学、神话学等多领域的重要空白，也使得世界对中国古代文明需要重新评价。它所展示的丰富文化宝藏和给我们带来的惊喜，说也说不完。当然，谜团和困惑也很多，可以说就目前我们对它的认识，未知的要远远大于已知的。

(四)金沙文化遗址

> 金沙遗址是位于成都市城西苏坡乡金沙村一处商周时代遗址,被认为是公元前12世纪至公元前7世纪长江上游古代文明中心——古蜀王国的都邑。遗址出土了世界上同一时期遗址中最为密集的象牙、数量最为丰富的金器和玉器。其中最负盛名的是太阳神鸟金饰,被确定为中国文化遗产标志和成都市的城市形象标识主图案。

经统计,遗址所清理出的珍贵文物多达千余件,包括:金器30余件、玉器和铜器各400余件、石器170件、象牙器40余件,出土象牙总重量近一吨,此外还有大量的陶器出土。从文物时代看,绝大部分约为商代晚期(公元前17世纪初至公元前11世纪)和西周早期(公元前11世纪至公元前771年),少部分为春秋时期(公元前770年至公元前476年)。而且随着发掘的进展,不排除还有重大发现的可能。金沙遗址的发掘,对研究古蜀国历史文化具有极其重要的意义。金沙遗址所提示的是以往文献中完全没有的珍贵材料,将改写成都历史和四川古代史。

金器30余件,有金面具、金带、圆形金饰、蛙形金饰、喇叭形金饰等,其中金面具距今约3000年,与三星堆的青铜面具在造型风格上基本一致,其他各类金饰为金沙所特有。

其中特别值得一提的就是太阳神鸟金饰。它呈圆形,器身极薄。图案采用镂空方式表现,内层分布有十二条旋转的齿状光芒;外层图案由四只飞鸟首足前后相接,四只神鸟围绕着旋转的太阳飞翔,中心的太阳向四周喷射出十二道光芒,体现了远古人类对太阳及鸟的强烈崇拜,所以又被称为"四鸟绕日",是古蜀国黄金工艺辉煌成就的代表。环绕太阳飞翔的四只神鸟,反映了先民们对美好生活的向往,体现了自由、美好、团结向上的寓意。圆形的围合也体现了自然的循环往复。十二道太

「太阳神鸟金饰」

阳光芒与四鸟的"十二"与"四"是中国文化中经常使用的数字,诸如十二个月、十二生肖、四季、四方等,表达了先民们对自然规律的深刻认识。

玉器400余件,有玉琮、玉璧、玉璋、玉戈、玉矛、玉斧、玉凿、玉斤、玉镯、玉环、玉牌形饰、玉挂饰、玉珠及玉料等。出土的玉器十分精美,其中出土的最大一件高约22厘米的十节玉琮,颜色为翡翠绿,其造型风格与良渚文化完全一致。该玉琮雕刻极其精细,琮表面有细若发丝的微刻花纹和一人形图案,堪称一绝;数量极多的圭形玉凿和玉牌形饰颇具特色。大量玉璋雕刻细腻,纹饰丰富,有的纹饰上饰有朱砂。

「金沙遗址玉琮」

铜器400余件,基本上为小型铜器,主要有铜立人像、铜戈、铜戚形方孔璧、铜铃、铜挂饰、铜牌饰及铜礼器残片等,其中铜立人像的造型风格与三星堆的青铜立人像几乎完全一致。

石器170件,有石璧、石璋、石矛、石斧、石跪坐人像、石虎、石龟、石蛇等。石跪坐人像头顶方形冠饰,两侧上翘,长辫及腰,嘴部涂砂,双手背后交叉作捆绑状,其造型与成都市方池街遗址出土的石跪人像基本相同。石虎作卧伏状,造型生动,耳部和嘴部涂砂。石蛇的造型更是多样。

「金沙遗址铜立人像」

「金沙遗址石跪坐人像」

「金沙遗址石蛇」

金沙遗址出土的象牙器40余件,仅有柱状形器一类,柱状形器的一端正中有一圆点,周围有六个圆点。出土的象牙不计其数,总重量近一吨,在祭祀场所里,这些象牙是古蜀人奉献给天地神灵的重要祭品。有时是整根象牙极有规律地朝着一个方向摆放；有时象牙被切成饼状或圆柱状；还有的时候是只取象牙的尖来祭祀。这些方式体现出了一种强烈的宗教色彩，具有某种特定的宗教含义。具体的宗教寓意还有待今人继续探讨。

此外金沙遗址还出土了大量的陶器，有陶尖底盏、尖底杯、高柄豆、圈足罐等。从文物时代看，绝大部分约相当于殷墟晚期和西周早期，少部分为春秋时期。还出土木耜、木雕彩绘神人头像等。

「金沙遗址出土的陶器」

上述四大文化遗址，基本上涵盖了上古到先秦蜀国文化的发展历程。可以想见，我们对这段蜀国历史还有很多以前我们不知道的内容。特殊的地域产生独特的文化，古蜀国发展的事实在世界历史中都是个典型。

> 古蜀国的历史也像其他古国旧邦的历史一样，通常由历史记载、出土文物和口头传说三部分共同组成。口头传说中，其中掌故又是一个重要内容。它们往往不等于真实的历史，但却既可以补充历史记载，又可以和出土文物所展示的内容相印证。同时它还有自己自成体系的价值，这就是历史在这里更形象、更曲折，因此也更加生动全面。它更多地存在于后代民众的生活中，是民众心中真正活色生香的历史。

以下略举几个古蜀国的著名掌故。

1. 蚕丛纵目

> 蚕丛，又称蚕丛氏，是古代神话传说中的蚕神。他主要的功绩是"教民蚕桑"。从《蜀王本记》到今日川西民间都有很多这方面的故事。据《华阳国志·蜀志》记载，蚕丛是蜀国第一个称王的人，他是一位养蚕行家。

据说他的眼睛跟螃蟹一样是向前突起的，头发在脑后梳成"椎髻"，衣服样式向左交叉（通常汉族传统衣服为右衽，即向右交叉的），他居住在岷山石室中。后来蚕丛为了养蚕事业，率领部族从岷山到成都居住。在夏桀十四年，夏桀派大将军扁攻打蚕丛和有缗氏，于是蚕丛跟有缗氏说用美女来让夏桀消磨打仗意志。果然夏桀被美女迷惑后，班师回朝。西周时期，蚕丛被其他部落打败后，蚕丛的子孙后代大多逃到今天的四川西昌一带，最后由新兴势力鱼凫来结束这次战争。

从今天的考古材料看，三星堆出土了不少与蚕丛氏相貌一致的器物，很多青铜人头像面具也都是纵目式面具和椎髻左衽服饰等，人们怀疑这可能就是蚕丛部族留下的生活遗迹。广汉三星堆一带建城很早，而且曾经多次发生过部族间的争斗，其间是否有蚕丛取代其他部族，或鱼凫、柏灌取代蚕丛的争斗呢？明代曹学佺《蜀中广记》中引《仙传拾遗》记载一则故事，就说到当时三星堆一带部族间的争斗情况。故事大意说：有个叫蚕女的贤淑女子，生活在"高辛氏"年代，当时蜀地没有蜀王，都是些零零星星的小部落，人民也在这些部落首领的统治下各自过着聚族而居的生活，这样的生活状态难免会引起部落与部落之间的吞并和战争。有一次，广汉城被相邻的部落烧杀劫掠，蚕女的父亲也被抓去做了人质，家中只剩下一匹父亲平时乘坐的老马。蚕女非常想念父亲，于是就对马说："马啊，如果你去把我父亲救回来，我就嫁给你。"这马听了蚕女的话，高兴得不得了，便偷偷地跑去把主人驮了回来。但是这个被救回的父亲一听说要把女儿嫁给马做老婆，十分反对；马当然很生气，又是跳又是嘶鸣，还以绝食相威胁，蚕女的父亲也不是好惹的（可能他是部落中的一个首领），就一气之下把马杀了，剥下的皮和肉晾在厨房中。这天蚕女从厨房中经过，那张马皮突然跳起来，一阵风似的把蚕女卷走了。过了几天，人们看见马皮落在对面的桑树上，蚕女变成了一条蚕，正在一边吃桑叶一边吐丝把自己裹住成为一只茧。这则故事想象奇异，兼具自然神话和创物神话的特点，记录了古蜀时期"广汉之墟"各部落间的矛盾关系，因此显得十分珍贵。

2. 鱼凫化仙

> 鱼凫，为传说中古蜀国帝王名。鱼凫俗称鱼老鸹，是一种捕鱼的水鸟，这是神话中蜀人的祖先，部落的图腾。现在成都市温江区一带有不少关于鱼凫的故事和遗迹。关于鱼凫，古文献的记载都所言甚简。这就给后世留了极大的想象空间，其中就有最为著名的传说故事"鱼凫架桥"。

相传，温江万春镇境内有条马坝河，在古时候非常大，河宽几百丈，水深看不见底。河的南北两岸有两个王国，百姓们都靠打鱼为生。在南边的这个王国里，有个中年人，既聪明又勇敢，渔民们都很佩服他，就拥戴他当了打鱼头领。这个王国的大王凶残贪婪，捐税一次比一次重，老百姓的日子越来越艰难。打鱼头领也忍不住了，心一横，带领老百姓推翻了这个大王，重新建立了一个王国。因为大家都是打鱼的，打鱼要用渔网、鱼叉，还要靠鱼老鸹下水逮鱼。鱼老鸹是一种野鸭，古称凫，因而这个王国就取名叫鱼凫国，那个打鱼头领当了大王就称为鱼凫王。

从此以后，渔民们的生活越过越好，鱼凫王的心也越来越大了，想扩大自己的地盘。手下有人对他说："大王，不如把河北面的地盘抢过来吧！"鱼凫王听了就召集人马，悄悄地开始练兵。一天晚上，突然攻过河去。河北面的人还没弄清楚怎么回事，就输了。鱼凫王打了胜仗，接着又把现在郫县那边的犀浦、花园、德源占了。鱼凫王每次回来，路过马坝河，都要在河边休息，所有的马匹就跑到河边喝水，一喝就把河水都喝干了。

之后，鱼凫王打下了彭州，又带人马去打绵州。绵州那边十多个小王国联合起来对付他，鱼凫王这回打了败仗，带着人马丢盔弃甲逃跑，后面追兵跟着撵，直撵到马坝河边。当时马坝河边没有渡船，鱼凫王急得没有办法。谁知正在危急之时，突然，河面上一道金光，一下子飞来满天的鱼老鸹，浮在河面上搭成了一座桥，他们赶紧从这桥上跑了回去。等到追兵撵到河边，鱼老鸹又飞走了。追兵没法过河，只好退兵。

后来，鱼凫王为了感谢鱼老鸹搭救之恩，也为了方便两岸百姓的往来，就在马坝河上修了一座桥，取名就叫鱼凫桥。

3. 杜宇化鹃

> 据说古时候的某一天，忽然从天降下一个男子，落在今天郫县城西一里许的天彙山上。这个男子名叫杜宇。这时，恰巧有个叫梁利的女子从岷江边的井水里涌出来。这天降地出的两个奇人，结成了夫妻。后来，杜宇自立为帝，号称望帝，并以郫这个地方作为国都。

杜宇当国王的时候，很关心百姓生活。他教导百姓种植庄稼，时常叮咛大家要抓紧天时和季节，不要耽误了田里生产。杜宇建立了一个有城廓、池泽、畜牧和园苑的美好国家。他得到人民的拥护和爱戴，邻近的巴国也受到影响而努力发展农耕。后来他重用丞相鳖灵治水，取得成功，随后又把帝位禅让给鳖灵，自己就隐居了。

望帝生前爱护百姓，教民务农，死后同样惦念着百姓的生活。他的灵魂化作杜鹃鸟，每到清明、谷雨、立夏、小满等农忙季节，就飞到田野一声声啼叫。人们听见杜鹃那一声声的"快栽快割"的叫声，就会说："这是我们的望帝杜宇！是时候了，快撒种吧，快插秧吧！"因此，杜鹃鸟又被后人称作"杜宇鸟"。

"杜宇化鹃"和"鳖灵复活"的神话传说一样，都属于英雄神话。我们可以看出，蜀地的这些神话基本上都是围绕着一个时代的英雄来展开的。它们与古籍记载、出土文物既有联系又不相同，是可以相互补充和印证的另外一种历史体系。

苴 国

苴（jū）国，是地处嘉陵江上游区域的一个小国，包括今天四川广元市的绝大部分地方，陕西汉中地区、陕西南部褒水、斜水一带，以及甘肃文县、武都、成县等地。

「苴国地理位置图」

> 《广元县志》记载,此地在夏朝为胤国治地,周朝时期始为苴国治地。根据《华阳国志》中较为详细的记载,东周时期蜀国的诸侯王杜尚开明九世(公元前368年)将自己的弟弟杜葭萌封于此地,号为苴侯,此地便被称为苴国。都城定于葭萌,在今天的广元市元坝区昭化镇辖地米仓山走廊地区。

蜀王杜尚为什么要将自己的弟弟封在此地呢？相传当时巴国正在忙于攻打南方小国,蜀王看准时机,果断出兵,在很短的时间内拿下了巴、蜀之间的几个小国,苴地就在其间。蜀王这一举动从战略上成功遏制了东部日益强大起来的巴国向西扩张发展。苴地北接秦国,南邻巴国,在当时来说是一个极为重要的军事要地。因此,蜀王杜尚当时趁机攻取这片区域的决策对蜀国来说是十分英明的。

都说"打江山容易,守江山难",攻下这片地域后,对蜀国来说,最重要的是如何守住这片得来不易的领地而又不枉费更多的军费开支,同时还要想着避免和愈加强大的秦国正面相遇。蜀王想到的办法就是将自己的弟弟安插在此。最初,苴国作为附属国,和宗主国蜀国是友好相处的,虽说哥哥将弟弟安排在如此危险的军事要冲之地,是为了让他替自己挡住周边虎视眈眈的秦国与巴国,一旦发生危险就要率先挺身在前面挡着。加上苴地的葭萌还是当时富饶之地,能为蜀国多少提供些经济支援。在战国中期以前,苴国不愧为蜀国的屏障。一般情况下,苴国能够独当一面,遏制住秦国的南侵和巴国的西进,在蜀国和秦国的交战期,熟悉敌情的苴侯必然成为了蜀王不可缺少的帮手。

但是,苴国逐渐发展壮大,对蜀国的常年盘剥也日益不满,后代世袭的苴侯与蜀王血亲关系也日益淡薄,嫌隙于是产生。

苴、蜀之间的矛盾在蜀王开明十一世时爆发。当时的苴侯被要求所纳的贡赋税收日益繁重,苴侯觉得再这样下去实在窝囊,于是苴侯在巴国的拉拢下多次与之联合抗衡蜀国,交到蜀国手中的贡赋税收也是越来越少,这一举动一下子就惹恼了蜀王。苴侯居然敢和巴国联合,蜀王开明十一世派人向苴侯传了一句话："往后若有秦兵至,自退之。"蜀王原本只是想吓唬吓唬苴侯，好让他重新对自己言听计从，继续当自己的挡箭牌。没想到这苴侯直接中断了同宗主国蜀国的来往。

蜀王开明十二世杜芦统治时期，巴、蜀之间频繁交战。总体而言，蜀国胜多负少。在这其中，苴国上演了一幕为巴国引路的把戏。这一举动彻底惹恼了蜀国，年轻气盛的杜芦决定不再像自己的先辈那样只是给苴侯口头言语震慑，他决定出手灭了苴国。可惜当时并不符合"该出手时就出手"的条件，杜芦沉浸在击退巴国的喜悦中，洋洋自得不可一世，他忘记了在苴国的北边还有一个秦国一直对自己虎视眈眈，伺机而动。一旦苴国被灭，蜀国就要与秦国正面相对，短兵相接了。这一可怕的后果杜芦当时完全抛之九霄云外。

蜀国与苴国有了矛盾，秦国很敏锐地抓住了时机，登场了。

「剑门蜀道」

秦国一直就垂涎于蜀国的富饶，早就想将其纳入囊中，无奈前往蜀地道路艰险，后世李白也有感慨"蜀道之难难于上青天"，加之苴国原本还是作为蜀国的屏障挡在中间。因为有苴国的存在，强大的秦国在200多年里居然只限于与蜀国争夺汉中盆地。即使在商鞅变法后的40多年里，秦国也未曾打进过四川盆地的北部山地。可如今形势不同，蜀国居然自己要拆除苴国这块屏障，秦国自然不会放过这一有利时机。

秦国张仪适时献计制作了五头尾巴下镶有黄金的石牛送给苴国，苴侯高兴地承诺愿助秦国借道伐蜀。接着秦国的人又到苴、蜀边界向人们大肆鼓吹说秦国为了向苴国示好，送给了苴国五头神石牛。这些牛晚上会偷偷地吃草，吃饱了也会像真牛一样拉屎，但它们拉的屎可是金灿灿的黄金。这话一传十十传百就传到了蜀王杜芦耳中。杜芦原本就打算灭了苴国，此时更是不顾百官对他的进谏，下令让五组劳工限期开凿

「金牛古道」

蜀国至苴国的道路，以便快速出兵打击越来越不听话的苴国，当然也要夺取秦国送给苴侯的五头能拉黄金屎的石牛。

秦国密切关注着蜀国至苴国的道路修拓进展，终于等到蜀王杜芦亲自率兵，令"五丁力士"（即五组劳工）引路攻打苴国，这条路就是后来的蜀道。苴侯急忙向秦国求救，为表诚意还大开城门，引秦兵入城。这可真是引狼入室，最终导致灭国之祸。

秦兵蜂拥而入苴国，凭借着蜀道开进四川盆地，与蜀国战于葭萌。秦一举灭蜀，蜀王身死，蜀太子逃到逢乡（今彭州）被捉。秦军入苴自然也如同狂风过境，灭蜀之后顺道就将苴国席卷吞并，苴侯被废。就这样，蜀国、苴国同年灭亡。

这之后，秦国趁热将此前吃了蜀国败仗而大伤元气的巴国灭掉，接着一步步向东蚕食楚国。秦国因为苴国而灭了巴国、蜀国，兼并巴、蜀、苴国从而取得了强大的后方基地，进而夷平六国，历史的进程就是这样一环一环紧紧相扣。葭萌之战促使秦国迈出了统一中国的重要一步。

公元前316年，秦灭苴后在苴地设立葭萌县，其后几经沿革，最终定名为广元。

「葭萌」

賨国

　　賨(cóng)国是由居住在川东北嘉陵江上游和渠江流域的板楯蛮所建立的国家。板楯蛮又世称为"賨人"。它有着自己独特的文化，它的统治区域主要在以今天的四川渠县为中心的古代宕渠地区，范围包括今达州、巴中两市以及城口、邻水、广安、营山等县，面积近5万平方公里。

板楯蛮是否为原住民族？它究竟是纯粹的独立民族还是巴人的分支或楚人的一支？历来说法不一，造成这种现象的原因有三个。一是今人所见比较早的历史记载其实也是时代较晚的记载。二是和其他古代民族一样，由于不断迁徙的原因，此一过程中，一个民族通常会与其他民族相融合、区域相交叠，让人辨识困难。三是中原王朝的历史记录者，尤其是地处北方王朝的历史记录者，对于那些自己不甚了解的南方民族往往大而化之，笼统概括。所有这些都是造成我们今天对于古民族和部落辨识不清的原因。目前看来，完全弄清确实有难度，但我们还是主张综合比较，容纳众家观点，不急于下结论。

按照考古学家们已经研究的成果来看，板楯蛮的起源很早，在商代早期的甲骨文和青铜器中就有记载。史称这个部族"世号为板楯蛮夷"，"蛮夷"自然是中原统治者对他们的一种蔑称，像是一种词汇和文化的后缀似的，成了非中原华夏族的标志。但"板楯"，却是本部族引以为自豪的称谓，要不也不至于"世号为板楯"。当然也可能是外族根据该部族的某个特征或强项而起的称呼，但也反映出历史的实际，便引用开来了。"板楯"，就是一种盾牌，它是由木板做成，蒙上皮革，有的部分雕以花纹，既坚实又美观，做工考究，是著名的防御工具。换句话说，也就是这个部族善于制作兵器，战斗力很强。他们既然以此为自豪，"板楯"就可能是该部族的族徽(也就是图腾)。

根据这一推测，今人在甲骨文、金文的"宅簋"、"祖丁尊"、"且丁尊"等中发现了"楯"的徽号，而且是作为国名使用的。又根据甲骨文和金文的内容，知道这个部落大致位置在商朝的西土，与周族接近。

人们在湖北江陵荆南寺遗址发掘出的陶器文物中，惊奇地发现了带盾牌的徽号，可以认为就是板楯蛮族徽的符号。这些器物表明，它们与嘉陵江上游的板楯蛮也有亲缘关系。专家们推断，板楯蛮的最早发源地应该是在江汉平原。它的地理范围，大抵东起湖南岳阳，西至湖北宜昌，南起湖南澧县的澧阳平原，北抵湖北钟祥。这样说来，在商朝早期板楯蛮就活跃在历史中了。20世纪80年代先后在湖北江陵的梅槐桥遗址、沙市的周梁玉桥遗址和沙市的官堤遗址三处有新的发现，被称为"梅槐桥类型"。对它的研究表明，这是又一处归属于板楯蛮的文化遗址，它是上述荆南寺文化类型的后续，与之既有联系又有区别，区别在于明显可以看出受到南方文化的影响。该文化类型的地域在东西两个方向上又有发展。

考古学通常把不同地域的文化从器物的器形、纹饰风格等方面相比较。人们发现这个被称作"梅槐桥类型"，与同时期出现在四川嘉陵江中游的阆中蓝家坝遗址文化风格和元素完全相同，时间是在商朝的武丁时期。这就意味着，在这同一个时期板楯蛮在两地都有活动。这是为什么呢？

通常单单依靠地下的考古也不能完全解决问题，有时还得结合文献记载。原来商朝到了武丁时期，是商朝重新强大的时期，有"武丁中兴"之称。武丁四处讨伐那些曾经归顺纳贡而今又不太归顺的部族和国家。《诗经·殷武》曾记载说："挞彼殷武，奋伐荆楚。深入其阻，裒荆之旅。"诗文表明，武丁确实征伐过江汉地区，并且深入江汉平原的腹地。接着诗中对荆楚大兴问罪："维女荆楚，居国南乡。昔有成汤，自彼氐羌，莫敢不来享，莫敢不来王，曰商是常。天命多辟，设都于禹之绩。岁事来辟，勿予祸适，稼穑匪解。"严厉警告荆楚要像当年成汤在世时那样敬事殷王。人们有理由相信，在此时，作为荆南寺板楯蛮的后裔梅槐桥板楯蛮，必然受到商朝的重大打击。因为从这两处的板楯蛮遗址看，梅槐桥板楯蛮更多地受到南方和东方扬越文化影响，商朝的裔人往北退却，这块土地受商文化的影响越来越少，对商王朝形成了离心的倾向，直至决裂。因此，商朝终于出现了一个强主，对板盾蛮的打击是难以避免的。

可以想像，遭到商朝武丁打击的这批板楯蛮损失惨重。和历来的民族迁徙一样，一部分板楯蛮坚守家园，顽强支撑，直到春秋中期被崛起的楚文化所征服融合，另一部分板盾蛮西迁，溯江而上，到达四川，在嘉陵江中游一带找到了乐土，与当地的蜀人相处。虽然远离故土，但他们对商朝的仇恨始终铭记在心中。有甲骨文记载，在这里他们经常主动攻扰臣服于商朝的西土小邑周、齿等。

具体说到板楯蛮的西迁，绕不开一个问题，就是与巴人的关系，何况又要经过巴人的境内。直到今天也有人认为板楯蛮是巴人的一支，这是怎么回事呢？

从考古的角度认为，发源于清江崇山峻岭中的廪君巴蛮与板楯蛮在新石器时期的文化上应该是近亲，巴人的早期活动区域除了清江流域外，还扩大到湖北宜都以西、三峡巫峡以东的峡江流域。而梅槐桥类型时期的板楯蛮的势力向西扩张的时候也达到川东，他们在鄂西和川东地区从商朝晚期到西周这段时期有交叉杂居的情况。留守故园的板楯蛮被楚人征服之后，随即被驱除的对象就成了廪君蛮，于是廪君蛮也只好沿着先前晚商时期板楯蛮西迁的路线逃到四川。这样在川东，两个本来文化相似又像难兄难弟似的两个部族在异地他乡相聚了，从而构成了战国时期遍布川东、经过组合的巴文化。

这样的叙述是基于以下证据：一是板楯蛮和廪君巴人有一个共同的文化鼻祖的前提，文化类型有很多相似的地方。二是嘉陵江中游发掘过与江汉地区时间相近、文化类型相同的文化遗址。三是不仅是中原王朝排斥打击板楯蛮，楚人也排斥打击板楯蛮，可见板楯蛮对于他们是异文化。但是，人们还是能够在一些史实中看到廪君巴蛮和板楯蛮的不同，于是考古界就有人认为这是一个大文化系统下的类型的不同，试图以此弥缝。

历史有时也像电影的"蒙太奇"一样，可以进行场景的切换。如果前提或推论变换，就会出现另外一种情景，板楯蛮的西迁也是一样的。

上文提及的武丁伐荆楚，有人认为这个"荆楚"是泛称南方的诸多少数民族，包括板楯蛮，但更多的人认为事实没有那么复杂，"荆楚"就是指楚人。楚人也是历来受到中原王朝的轻视和打击的，直到西周都是如此。持这种观点的人，认为賨人（也就是板楯蛮）是楚人的一个分支，于是另外一种历史叙述就呈献给我们完全不同的历史场景。

有学者认为，巴、賨族姓不同，巴有五姓，賨有七姓，即有不同的分支、族姓或部落所组成。此外信仰和文化也不同。而楚国有四十多个公族的族姓，汉代的王符在《潜夫论·志氏姓》中说：(楚之)"公族有楚季氏、列宗氏、斗强氏等"四十族，"皆芈姓也"。罗泌的《路史》也说："楚熊绎之后，有賨（按：应作宗）氏。"认为这个"列宗氏"就是楚之疏族宗人。"賨"最早写作"宗"。那么这一支是怎么到达四川嘉陵江流域的呢？

一个解释是，战国时期的兵家和政治改革家吴起先是在魏国任职，他立了很多功，受到魏相的嫉妒和排挤。为了避祸，他于魏武侯七年（公元前390年）逃到了楚国。楚悼王素知吴起很有才能，就任命他为楚相。吴

上游之国

起也准备在楚国大干一番，他要帮助楚悼王实行变法。具体的一项重要措施就是"明法审令，捐不急之官，废公族疏远者，以抚养战斗之士。因为吴起认为，楚国的地盘实在很大，但百姓的数量却不足，应该让那些血缘关系远些的王公贵族去实边，"往实旷虚之地"。这项变法措施显然遭到了巨大的阻力，诸侯国怕楚国因此富强，就不停地散布一些谎言，而楚国的既得利益者更是不愿吃苦，当然坚决反对。虽然最后吴起在支持他变法的楚悼王死后下场很惨，但这项改革变法措施到底还是实施了部分，就是宗人西迁。这支西迁的宗人定居在流江流域建立了宗子国，或称宗国。至于"宗"为何又变成了"賨"？这是后话。

楚顷襄王四年（公元前295年），楚王派兵进入流江（渠县）"打宗围巢"，"执宗子以归"，剿灭了当时的賨国。芈姓的宗子国，由迁封到灭亡，经历了93年。有人认为楚国之所以此时灭掉同宗的賨国，主要是为了强化边疆地区守备，也是为了防止秦国捷足先登。这主要是指在公元前316年，秦国派遣张仪、司马错灭掉了同处四川盆地的蜀国、巴国和苴国。不过后一条理由不充分，因为两个事件相距时间长达27年之久，秦国要想灭掉賨国早就可以动手了。

> 賨人一族，在川东北地区繁衍很快。以至于在汉代人们所见到的情况已是"其人半楚"，不得不感慨"是何楚人之多也"！楚国的文化元素在这里随处可见，也被后人广泛认知。在晚唐时期两位诗人的诗作就是明证，一首是崔涂避地渠州时所作《春夕》："水流花谢两无情，送尽东风过楚城。"另一首是郑谷的《渠江旅思》："故楚春田废，穷巴瘴雨多。"在这里"楚城"指的是"賨城"，"故楚"指的是"古楚"，是地处渠江的賨国之地。诗中说明，他们知道賨国是楚国芈姓的后裔之国。

持賨人是楚国芈姓宗裔的说法，同样也有一些解释不通和没有说到的地方，比如：賨人（或宗人）和板楯蛮是什么关系？这个所谓楚国宗裔的賨国建立时间，为何比人们已知的川东北賨国建立时间晚这么多？秦更元九年（公元前316年），秦国派司马错率领十万大军浮江伐楚，在取商于之地黔中郡（今湖南常德）的征战中，作为賨人的板楯蛮曾奋勇争先帮助秦军，立下战功，战后整个部族都受到减税的奖赏。这些都是解释不通的。

看来我们不得不考虑另外一种说法，就是賨人既不是楚人宗裔也不是巴人宗裔。它是独具自己特点的原住人，也就是参与周武王征伐商纣王时的彭人。

认为这一支彭人世居川东北，位于周族的西南方，正好符合武王联军中的"西土之人"（参考本书中的"彭国"篇）。但是在历史的记载中，人们把他们混淆为巴、蜀之人，孔颖达《正义》曰："此八国者，皆西南夷也。"《尚书·牧誓》之"彭"与《巴志》之"賨"皆与"板楯蛮"有关。賨人作战用白竹之弩进攻，用木制板楯防御。楯与盾通。胡三省《通鉴释文辨误》卷二："板楯蛮以木板为楯，故名。"蜀盾又称"干"或"彭排"、"旁排"。由此说明，《尚书·牧誓》中有"比尔干"，持"干"（即持盾者）作战的"西土之人"，非賨人莫属。《尚书·牧誓》之彭，乃是持彭排的賨人。"操戈盾立"正是金文的"戎"字，认为"操戈盾立"者"无首"，意在说明持盾者隐于盾后，远望不见头。盾有保护自己，有助于杀伤敌人的长处。一般认为，会防御的人也会进攻，因此他们的战斗力是很强的。虽然在整个讨伐商纣王的战斗中，"西土之人"表现得都很勇敢，但板楯蛮的威名显然也不是一天的了。另外汉以前，阆中称作"彭道"，曾是彭夷故地。秦灭巴、蜀后才改"彭道"为"巴道"的。这些都说明，彭就是被后世称为賨人的板楯蛮。

> 巴与賨在史籍中往往并列连称，但绝对有区别，如西汉扬雄《蜀都赋》说："东有巴、賨，绵亘百濮。"《后汉书补注》中引《风俗通义》曰："巴有賨人"，剽勇。可见，賨族是大范围的巴地的部族，但并不是巴人，也不是巴人的一支。这一点，从他们的姓氏来源、生活地域、图腾信仰等方面，也都有证实。

学者推断，商代中晚期賨人已经建立了賨城，这是比较可信的。建城之初的城名、规模还不得而知。不过，賨民族是新石器时代末期渠江流域的主人，已为大量的出土文物所证实。商朝末年既然賨国参与伐纣，表明他们和此前商王朝的关系比较紧张。这一点倒与上述基于考古学的角度叙说賨国史的观点有所对应。西周建立之后，賨国得到了很长一段相对安定的发展时期，可惜没有见于正规的记载，现在所能知道的主要是已知他们在发展时期的文化遗存。秦更元九年（公元前316年），秦国派司马错带领大军伐楚，攻取楚国黔中郡，作为賨人的板楯蛮立下战功，战后受到减税的奖赏。前面提到过"宗"为何又变成了"賨"了的？一般认为，除了这次助秦伐楚以外，在后世楚汉相争的时候，板楯蛮帮助过汉中王刘邦，刘邦夺取天下之后索性免除了板楯蛮七姓的税赋，因为享受这种特殊的待遇，从此作为板楯蛮的"宗人"就变成了"賨人"。"賨"字是原"宗"字下加"贝"字，就是表示在税赋方面享受特殊政策的一个部族。也有解释为该部族称"赋"为"賨"，故名。

賨人主要活动区域也常常让后人困惑不已，这主要是历史水域名称的变化造成的，主流支流之别，水名先后之别，通名与别名之别，差异很大。确切地说，賨人活动的流江就是渠江，它的其他名称分别有渝（俞）水、渠河、潜水、岩渠水、巴江、巴水，主要指嘉陵江的中上游及其支流。大约在西周中期，以阆中、渠县、南充为中心，賨人建立了一批賨城。賨国的国都建在流江（今四川渠县）东北70余里的地方。賨人的活动区域除了渠江、嘉陵江两岸外，还北及汉中东部、东及长江三峡、西及整个川东地区。

秦王朝在控制了巴蜀之地后，在渠县设立宕渠县，推行郡县制，但同时也实行"土流并治"，因此仍保留各部族首领在地方上的实际领导权。为了稳定这块自己的后方基地，甚至注意保持和各部族的联姻关系。直到汉代以后，賨人中仍有"夷王"、"邑侯"、"邑君"等称号，从而使賨人的文化得到了长久的发展。到东汉时，人们还记得賨人"天性劲勇"的民族性格。西晋时期，賨人首领李特称帝，建立了"成汉"政权，其主要群族为板楯蛮（賨人），再一次展现了深入民族血液中的反叛性

「宕渠城遗址」

格。随着"成汉"政权的灭亡,建立该政权的主体民族板楯蛮(賨人)也随之土崩瓦解。从此,作为部分聚族而居的賨人还在,有关他们的各种历史传说还在,但作为族群的板楯蛮已逐渐融入汉民族之中,民族特征已逐渐消失。隋唐以后板楯蛮(賨人)的称谓已不再见诸史籍记载。

賨人的很多历史都还是个谜,除了常规的史料记录不全或缺乏史料记录外,或与賨人长期与巴人的杂居有关。现在要进行研究,还有个问题,就是有关它的一些遗址又被后世的文化所覆盖,尤其是被秦汉文化所覆盖,这就要经过一番艰难的剥离和分析。因为在一个很长的历史时段,賨人文化都是发展的。而在这些地方,又都是賨人活跃过的熟土,这就更增加了这种难度。著名的城坝遗址就是如此。

城坝遗址经过东汉中后期车骑将军冯绲增修后,达到鼎盛,故又称"车骑城"。城坝遗址基本是賨人文化、巴文化、汉代文化相迭压的文化遗址。《华阳国志》《太平寰宇记》《舆地纪胜》等文献对这个遗址多有记载。遗址内文化堆积十分丰富,文化层可达数米,曾出土了大量各类巴蜀式青铜器及汉代文物,如铜戈、铜斧、铜矛、汉代上釉砖等,其中汉砖尤多,数以万计。有大量保存较好的水井、城墙、墓葬、窑址等文化遗迹,确定城坝遗址具备了城市的规模。对于研究古代巴人特别是賨人历史及川东北地区秦汉时期的政治、经济及生产、生活状况具有重要的参考价值。2005年和2006年的两次发掘,发现木椁墓、双石棺墓、大量漆器等,填补了很多川东地区历史研究的空白,丰富了城坝遗址的内涵,为研究渠江流域及古代賨人的政治、经济、文化提供了重要的实物资料。

相信随着时间的发展,类似的遗址还会被发掘。賨人的历史和文化还需要我们做更多的努力去发现。

「城坝遗址出土的铜泡」

鱼 国

鱼字，东汉许慎的《说文解字》中说："鱼，水虫也，象形，鱼尾与燕尾相似。凡鱼之属皆从鱼。"

鱼国，也称为𤉡国、鱼复国，关于鱼国的来历或许与鱼有关，鱼人以渔猎为生，同时把鱼当作部族的图腾加以崇拜。由于史料有限，我们无法确切得知夏商时期鱼国的具体位置，但我们可以做一个大致范围的推测，鱼国最早应位于重庆、湖北地区的长江沿岸，它和古蜀国之间应该有着重要的关系，有可能是古蜀国鱼凫族的一支。之所以认为是古蜀国，是由于蜀国的文化与商周朝部族的文化截然不同，这从后来在陕西宝鸡发现的西周时期鱼国墓地中可以得知，后面我们还会讲到。

「《说文解字注》中的"鱼"字」

蜀地文明来源于岷江上游的冉族和羌族，后来多个民族经过长期的战争和融合，最终成为了蜀族。公元前1045年，因助武王伐纣有功，杜宇受到了周王室的册封，在今成都温江区建立了鱼凫城。鱼凫王杜宇因此成为了古蜀国的第一位君王，称为蜀望帝。

「从左至右：甲骨文—金文—小篆—楷体」

作为鱼凫氏建立的古蜀国位于成都地区，很显然不在长江边上，那么鱼国作为其中的一支是以什么样契机来到长江的呢？不得不说这与古代一项不可或缺的重要物资有关，这项物资就是食盐。

据任乃强的《四川上古史新探》《华阳国志校补图注》，以及其他研究者提供的资料可知，在夏商

「古望帝(杜宇)之陵」

周时期，长江中上游沿江地区的食盐主要为泉盐，即地下食盐岩层溶化于水，涌现于地面者。整个长江流域有多达九处的产盐之地，如果能有效控制住食盐，将有利于国家部族的长远发展。在这样的背景下，位于长江上游地区的古蜀国，虽然不靠近长江，随着实力的增强，但仍然派出了军队对食盐进行干预管理，维护国家的利益。《华阳国志·巴志》里说，鱼复县"有橘官、盐泉"，便是指故鱼国盐场。或许是因为鱼国在长江边上日久，慢慢脱离鱼凫国，独立形成了一个国家，建立了鱼国。

西周时期，关于此时鱼国的情况，我们只能在《逸周书·王会》中看到这样的记载："其西，鱼复（献）钟鼓、钟牛。"此时大约在周成王时，鱼国参加了洛邑之会，并向周王进献了钟鼓和钟牛。但是有种我们不知道的原因，此时的鱼国已经不在长江沿岸，鱼国的首领带着他的族人们越过秦岭，到达了今天陕西省宝鸡境内，而这一谜团被解开直到四十多年前。

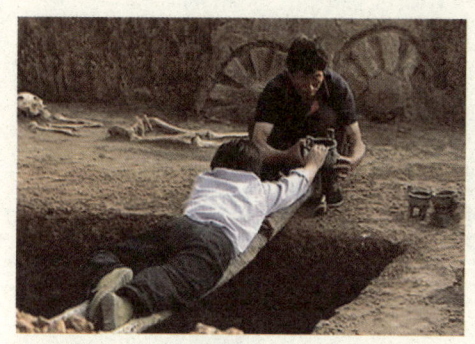
「茹家庄遗址发掘现场」

1974年，宝鸡市茹家庄的村民们在黄土台塬发现了"铜疙瘩"，后来考古专家带人赶到现场，进行了专业的发掘，清理出了两个有马骨和"铜疙瘩"的土坑。后来证实这两个车马坑为陪葬坑，"铜疙瘩"为车上的青铜构件，两个车马坑的区别在于一个马骨凌乱，随意摆设，另一个则排列整齐。

专家们根据考古学者的敏感思维意识到：既然有陪葬坑，一定有主墓，问题是主墓在哪呢？但是茫茫黄土台塬，怎么寻找呢？后来在走访的过程中，一位村民无意中的话为专家们提供了线索。那位农民抱怨他家的梯田不适合种庄稼，里面还夹杂着许多的炭渣，这时专家们意识到这有可能是墓主人的墓地。

发掘工作从1975年元旦开始展开，经过数月的考古发掘，人们已能清晰地看出：这是一座保存良好的、拥有一条墓道的、呈甲字形

「车马坑遗址复原图」

的大墓。墓中有两个椁室，分别埋葬着两具尸体：主椁室葬的是一名仰身直肢的男性，身旁有着大量的随葬兵器；在主椁室的西部有一间略小的椁室，内葬有一名女性，从其旁边泥土上的印记看，她下葬时穿着丝绸衣裳。

虽然历经数千年，棺椁的木材和墓主人的尸骨都已腐烂或化为齑粉，但从出土青铜器的铭文上专家们还是认出男性墓主叫鱼伯，女性姓"儿"。据专家考证：从墓葬的形制（甲型墓、有墓道和车马坑）和墓室中青铜礼器的组合（五鼎四簋）上看，墓主人鱼伯应是诸侯的身份，也就是说他应是西周丰镐畿内一个诸侯小国的国君。当人们清理到1号墓最边上时，无意中又发现了一个紧挨着的墓室。从这个墓出土的10件有铭文的青铜器上人们得知：这座墓是鱼伯的正室名井姬，她出身于周王室一个重要卿士家族，是当时有名的贵族家庭。那么由此推测儿氏女应该为侧室。

专家们推测，茹家庄鱼国墓地遗址大概在西周周穆王时代，为西周中期。

「茹家庄出土的带盘夔足纹」

「茹家庄出土的铜方鼎」

「茹家庄出土的带盖纹鼎」

一个国家的墓葬不可能只有一座，只有找到不同时代的鱼伯墓葬，才能构建一个王室家族的历史脉络。果然在1976年，在距离茹家庄3公里外的竹园沟村，农民在田间劳动时先是发现了土壤中的异物，继而找到了一个藏有一些形状怪异器物的洞口。经考古专家勘查、发掘，这里是一个拥有22座墓葬和2个马坑的、保存得非常完好的西周时代古墓群。更令人们欣喜的是，其中一座出土了大量青铜器的古墓中，在青铜器的铭文上记载了它的墓主人名叫鱼季。这是一座西周早期偏后大约是周昭王时代的墓葬，根据墓葬的形制及出土的青铜礼器、玉器来判断，这座墓葬与茹家庄 1 号墓在时代上相互衔接，略早于茹家庄出土的鱼伯墓。这样，在同一地域内，发现了两处鱼国墓地，其世系慢慢清晰起来。

时间到了 1980 年秋天，由于大雨的冲刷，宝鸡纸坊头村一家农户的院落内暴露出了一批青铜器。得知这一消息后随即赶来的专家根据西周铜器类型、器型学的原理来推断，这批青铜器应该成器于周文王晚期到周武王统治时期；再从墓葬的形制规范、青铜器器型、花纹、铭文体例及有自称"鱼伯"、"鱼伯作器"、"鱼伯自作用簋"等铭文内容来判断，这批青铜器应属于迄今为止在宝鸡地区发现的最早一代鱼国国君，他的下葬年代大约在周成王初年。

考古人员经过多年的努力，大致考证出了迁到今陕西宝鸡市的鱼国的世系顺序表（见表 1）。

表 1　　　　迁到今陕西宝鸡市的鱼伯世系顺序表

鱼伯名称	相当于周天子
鱼伯	周文王晚年，周武王、周成王之际
鱼伯格	周成王、周康王之际
鱼伯季	周康王、周昭王之际
鱼伯知	周昭王晚年至周穆王

迁到宝鸡的鱼国，大约在周穆王时期慢慢走向衰落，西周中后期鱼国在宝鸡地区灭亡后，其族人翻过秦岭，又迁到了长江沿岸，重新又建立了国家。

这一时期的鱼国，在今重庆奉节县，在县城东北有鱼复故城，谭其骧在《中国历史地图集》上也标注在此。奉节又称夔州，明正德《夔州府志》载：夔州"周为鱼复国，春秋为庸国地，即庸国之鱼邑，厥后楚人、秦人、巴人分庸地，属于巴"。至于鱼复浦的位置，清《乾隆府厅州县图志》、清嘉庆《四川通志》皆有记载：

「谭其骧《中国历史地图集》春秋时期鱼复国方位图」

"鱼复浦在县东二里。"鱼国春秋时期成为了庸地,后来又被楚、秦、巴等国占领。

鱼国人民在历史长河存在的过程中,创造了迥异于中原地区的文化,尤其是在陕西宝鸡出土的鱼国墓地中,表现得更为明显。

其一,从墓葬习俗方面来看,鱼国依然存在着野蛮的人殉现象。通过考察已知的西周历史资料,在西周的昭康王以后,尤其到了周穆王阶段,在陕西周王室附近的丰镐、周原这一西周统治的核心区域内,考古发现的高级贵族的墓葬内人殉的现象很少见。但是,这种野蛮、落后的习俗却在古鱼国依然存在。而且在茹家庄鱼国古墓中,可看到在墓室、椁室中有摆放砾石、卵石的葬俗,砾石、卵石这样的物件通常在江河岸边普遍存在,对于鱼国人再正常不过了,可见与鱼国这一名称的来源有很大关系,但是这一现象在同时代周人的墓葬中是没有的,这是一种异于周人的葬俗。

其二,从墓葬中出土的器物来看,墓葬中出土的青铜鼎、簋、乐器、酒器等也异于周人,如在鱼国墓葬中大量发现有一种地域文化特征极强的钵形尖底罐,据专家对比分析,具有早期巴蜀文化的某些特征,多见于四川广汉等地的早期蜀人遗址,这也是我们前面推测鱼国来源于古蜀国的一个重要原因。

巫 国

翻开现今的中国地图,我们查找含有"巫"字的地名,你就会发现它主要集中在三峡地区。东汉许慎的《说文解字》中对"巫"的释义是这样的:"巫,祝也。女能事无形,以舞降神者也。象人两袖舞形,与工同意。古者巫咸初作巫。凡巫之属皆从巫。"对"觋"的释义为:"能斋肃事神明者也。在男曰觋,在女曰巫。"从这里我们知道这个"巫"是代表女巫的。巫又称祝,事鬼神。所谓"事无形",即看不见的鬼神。其降神的手段是歌舞,由此可见,巫是神与人之间的媒介。此外,我国古代对"巫"的字面意思解释是:上面一横代表着天,下面一横代表着地,中间一竖代表着能通天达地,两旁的"人"字即一男一女,男即巫觋,女曰巫，多男扮女装，为通达天地的执行者。

经考古发现，巫山人距今已有204万年，这里是目前中国最早的人类发祥地之一。而此地的灵山十巫、巫臷国，又是文献记载中国最早的巫师和巫师国，亦即最早的巫文化代表。古巫国是一系列巫国部落的联盟，它的大致范围在今天的巫溪县和巫山县境内，分布在巫山山脉和巫峡一带上，这里曾经是巫的王国、巫的世界。说起来巫很多人会觉得很神秘，那么这一带为何会成为巫的汇集地呢？

> 巫峡，是一个云海山水的世界，滔滔云海弥漫着巫山，将之衬托得景致空灵，气韵流动。由于巫峡谷深峡长，日照时短，峡中湿气蒸郁不散，容易成云致雾，峡中两岸青山如屏，大江直泻，气势恢宏。沿岸奇峰突兀，变化多姿，引发人们无穷无尽的幻想，是三峡最幽深奇峭、如梦如幻的一段。这里的氤氲之景，千百年来深入当地人的梦中，最容易引发幻想和迷醉，使三峡的巫风大盛。巫，便成为人们心灵的皈依，已然融进文化的生命中。

那么生活在这里的巫人又过着怎样的一种生活呢？

大巫山地区有很多巫国，这些或许并不能称之为真正意义上的国家，这些小国家可能只是一些部落集团或者酋邦，仅仅是具有了国家的雏形而已。在远古时候，巴人还没立国，大巫山地区则分布着很多小的"巫"国，其中最有典型性的两个"国家"比较有名气。

一是巫咸国，这个国家与大巫师巫咸同名，或许说明它是由巫咸创立的。按照《山海经》记载："巫咸国"在"女丑国"以北，那儿的巫师们都是弄蛇的高手，他们"右手操青蛇，左手操赤蛇"，有着非常奇特的行为。巫咸国的中心位置就在登葆山一带，他们经常从登葆山上天庭，把人民的意愿传达给天帝，随后又从那里下来向人民传达天帝的意旨，顺道他们还采集些名贵的仙药，替民间百姓治病。

「巫咸国」

巫咸国的另一个显著特点是巫咸部落是一群无需从事农耕的人,这是一个靠盐而兴的古老民族。周边部族不顾三峡水道之险,带着本族的五谷、兽肉兽皮、水果慕名前来,与巫咸国人交换食盐。这样一来,巫咸国人足不出户便能得到足够的五谷和肉食。而对那些前来交换食盐的外族人来说,食盐是部族得以延续的根本,盐给他们带来了体力与生命。任何一个民族缺少食盐,都将失去竞争力乃至无法生存。

「巫咸图」

在民间传说中,巫咸是唐尧时代的一个神医,他集医、巫于一体,医术和巫术都相当高明,祝鸟鸟坠,祝树树枯,论断如神。巫咸不仅医术高明,更为突出的一个特点是他救死扶伤,有一片爱民之心,给老百姓治了很多病,救了很多生灵,深受广大民众的崇敬和爱戴,连当时的尧帝都被感动了,尧帝敬之为神医,并封为良相。因此,巫咸死后,为纪念他的功绩,把巫咸当时居住的地方封为巫咸国,把巫咸曾经采药的山封为巫山。从此,巫山便成为当时人们心目中的神山,巫咸也自然成为人们心目中的神而受到膜拜。爱国诗人屈原在其作品中也曾多次表达了对巫咸的尊敬与怀念。甚至于在战国时期,被称为"虎狼之国"的秦国,在他们的祭祀礼仪中,一个重要的内容就是祭"巫咸"神。也有人认为,巫咸之名源于盐,其本意为精通采盐、制盐的盐工。

文献记载以及民间传说赋予了巫咸以浓厚的宗教色彩与道神能力。从中我们也可以作这样的推断,"巫咸"并非一人之名,若如此则其寿命当在千岁以上。而最合乎情理的解释是:巫咸乃氏族名、国名或巫部族酋长之名,后世相袭其名。《炎黄源流史·巫人的来源和迁徙》一书中对此作了很好的概括:"巫咸,乃巫人首领叫咸的所成立的国家,历经神农、黄帝、商诸朝,达两千多年。传到太戊时,巫咸为殷之属国……"由此可知,巫咸氏族因盐而兴起于神农时代,之所以历经数千年而长盛不衰,虽然与他们精通巫术有关,但更重要的是拥有丰厚的盐资源。

当巴人尚在三峡沿岸卖盐时，巫溪一带已经出现了鱼国、夔国、荆国（楚国前身）和其他一些势单力薄的部落。因为仰仗巫盐，这些国家、部落多分布在巫咸国附近，臣服进贡，不敢造次。他们并非害怕巫咸国强大的军队，而是忌惮失去宝贵的食盐。成都平原此时还不产盐，蜀人商贾不远千里，来到巫咸国购买食盐。有时食盐是一项国家工程，国家首领必须想方设法为自己的子民寻得可靠的盐源，哪怕付出战争的代价。过去那些为巫咸国卖命的巴人转而贩卖本族食盐，载着食盐的巴人小舟在长江中来回穿梭交易，极受欢迎。此时，楚国势力虽已触及三峡，却未能掌握一处盐泉，只有通过贸易由巫咸国获得。无休止的蚕食最终消耗了巫咸国的实力和凝聚力，巫咸国逐渐衰落，它的盐泉也一个一个落在巴人手中。失去了宝贵的盐泉，春秋末年，巫咸国破，最终退出了历史舞台。

　　另一个国家就是巫载国。巫载国的历史非常悠久，传说三皇五帝中的舜有一个儿子叫"无淫"，流落到"载"这个地方，从而建立了巫载国。巫载国的人都姓"盼"，与灵山十巫中的"巫盼"是同姓，巫盼就是这个国家的巫师。巫载国的图腾是"黄熊"，他们的巫师与巫咸国完全相反，操着大弓，专事射蛇。从这种情况看，巫载国或许与巫咸国是两个有着世仇的敌国，并且很可能被后者所灭。

　　正是在这样一种长期的生活状态下，孕育出了令人神往的巫文化。

> "巫文化"的发源地在巫咸国，巫咸曾是十巫之首。我们先来厘清人们广泛使用的"巫文化"、"巫"、"巫术"、"巫师"这几个概念。从目前学界的研究来看，"巫"指的是神与人之间的一种媒介，也可以说是一种通灵的职业。从事这一职业的人被称之为"巫师"。他们是通达天地的预告者，同时也是天地意旨的执行者。他们所使用的通灵手段，主要包括占星、占卜、歌舞等形式。这些形式被统称为"巫术"，与这些相关的宗教活动、风俗习惯等其他艺术形式都被视为"巫文化"。

　　巫文化不仅反映了先民们的思维方式、情感诉求，还间接地反映了远古的经济生产力水平，作为一种精神现象的载体，"巫文化"也间接地开创了三峡流域后来的精神文明和群族文化。而这其中最让人感兴趣的大概

「巫山悬棺」

要算是"巫术"了。这可能也是迄今为止人们对巫文化误解最深刻的地方。从历史上来看，三峡地区自古就崇尚占卜的传统，这里巫风弥漫。在民间，人们的大小事情都离不开巫术占卜活动。无论是造屋铺桥还是修堤筑坝，先民们往往习惯于求神问巫，占卜问卦，甚至连生老病死、丧葬嫁娶，也都离不开巫师鬼神的指引和帮助。

提及巫国文化不得不提上古时代的"巫文化"。"巫文化"，是上古时期以巫咸为首的"灵山十巫"创造出来的以占星术和占卜为主要形式，以盐文化和药文化为主要内容的地域特色文化。"巫文化"对华夏文化，尤其是在天文、中医方面的影响深远。唐尧时代这里就建立的巫咸国，形成了巫文化在三峡地区的滥觞。巫文化曾与楚文化等文化在一起融合产生了一度繁荣的巴文化，孕育了"记神事之书"《山海经》、伟大的文学开篇巨著《诗经》、巫歌《楚辞》，并在天文、文学、文字、医学、地理等方面取得丰硕成果。巫文化的历史遗存我们还能得见的有"盐都"宁厂古镇、大宁河古栈道、悬棺之谜，这些遗存充满着神秘色彩。

巫溪、巫山等地就产生很多有趣的丧葬风俗，名气很大的就是悬棺葬。巫山地区的先民们之所以采用将棺木置于高山悬崖之上的方式，这不仅是因为这些生前世代居住生活在崇山峻岭之中的民族感念山神的庇佑恩典，还因为他们相信只有将先人安葬于此，让死者继续与大山为伴，并且可以目睹崖下子孙的生活，已经去世的人的灵魂才会得到一种超自然的力量，这种力量能使他们保佑自己的子孙健康平安。

至此以后，这个以"巫文化"为母体的巴地族群文化，开始融入华夏文化的共同体之中，"巫文化"因此成为托

「巫文化遗存物」

起华夏文明的伟大基石之一。在以往人们的看法中，一直认为中原地区才是中华民族文明的摇篮，其他地区则被视为蛮荒之地，而事实上，在国家形成之前，中原文化并不是最先进、最发达的地区，相反像巫文化这样的地方文明势力倒是显得不容小觑。

"巫文化"是这样一种充满着神秘的人类文明。它不仅渗透、影响了阴阳学说、老庄思想、屈原诗歌，甚至还包括了禅、中医、宗教，而且还丰富了华夏民族的哲学、科技和艺术，极大地推动了华夏民族的成长。随着原始部族之间的战争与迁徙，巫文化开始得以深入发展，巫咸国被巴国兼并成为巫郡，巫楚文化开始融合，产生了一度繁荣的巴文化。到汉大一统以后，儒家文化兴起并成为正统之后，巫的社会地位才变得越来越低下了。加之，某些阴谋家、野心家利用巫术来蛊惑人心，制造社会动乱，所以这样的巫活动在后期受到严厉打击。

夔国

夔国又称"隗国"或者"归国"。这个国家是由楚王族派分出来的一个芈姓小国，立国两百余年。关于夔国的建立，一种说法是春秋时期，楚国国君熊绎的六世孙叫熊挚，他的后代受封于夔城，建立了夔国，位于今湖北秭归县。现秭归东有夔子城，是古夔国的故址，后来夔国被楚国所灭，其后代子孙皆以原国名夔为姓氏，称为夔姓。另一种说法是上古时代帝尧时的乐正夔的后代建立的夔国，但是时间久远，几乎没有任何资料供我们去研究，只好暂时存而不论。

还是讲这个与楚国有关的夔国。

有关古夔国的历史，文献也有简略记载，《左传·僖公二十六年》记载："夔子不祀祝融与鬻熊，楚人让之，对曰：'我先王熊挚有疾，鬼神弗赦而自窜于夔，吾是以失楚，又何祀焉？'秋，楚成得臣、

「夔门」

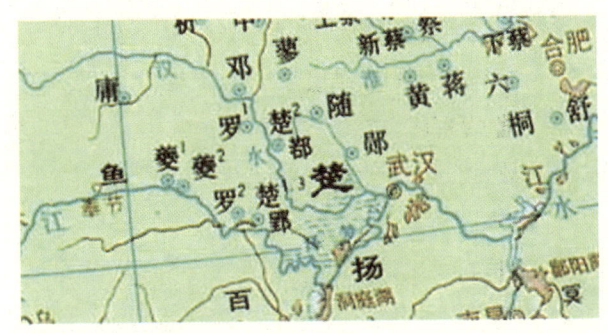

「春秋时期长江流域局部图」

斗宜申帅师灭夔，以夔子归。"这其中关于夔国最终被楚国所并的记载，时间和经过都算是清晰确切。只是这其中熊挚究竟是哪一代的楚君之子，又是具体因为何疾、何时到的夔国，却都没有明确说明。

根据其他传世文献及后来出土的简帛综合考量，熊挚为熊渠之孙、熊翔（即熊毋康）之子。熊挚曾在其父熊康之后为楚君，因患恶疾而早亡，其弟熊延夺取熊挚之子的王位而代立。熊挚子"自窜于夔"，在蛮荒之地建立起一个芈姓的夔国，尊熊挚为夔之先祖。熊挚之子"自窜于夔"，即芈姓夔子立国的时间在公元前861年左右。

古夔国的地望，早期文献《左传·僖公二十五年》杜预注："夔，楚同姓国，今建平秭归县。"说的就是西晋时期的建平郡秭归县。唐宋以来的大多数史籍，诸如《通典》《太平寰宇记》《春秋大事表》等都说"夔子城"在归州或秭归县"东二十里"。

关于夔国的灭亡，具体是指周襄王十八年（公元前634年），楚成王欲吞并附近各附庸国，以消除后顾之忧，蓄备集结力量，起兵北上，争霸中原，便寻找借口，想方设法动脑筋，斥责夔子不祭祀祝融与鬻熊，可是，却受到了夔子的有力反驳。夔子极力为自己申辩，并埋怨夔之先人熊挚失掉楚王位，方才流落到夔国的。所以，既然不是楚国的继承者，也就没有必要祭祀祝融和鬻熊了。楚成王看到楚国的后方确实存在忧患，于是决定除掉夔子国，将夔子国的封地并入楚国，命"令尹子玉城夔"（《水经注·江水》），加强西部边境的防御力量，从而防止巴、蜀入侵。可见，楚国对夔地的重要性是极为重视的。这与前些年巴、蜀多次打到楚国境内，始终都必须通过夔国是有一定关系的。

夔国也因先祖熊挚无缘登上楚王宝座，心怀不满，因而怨恨楚国，竟放任敌国兵马过境，去攻打自己的兄弟国家，这当然也是因为楚国急于灭夔所招致的结果。不知这个说法能不能成立？夔国灭亡的信息，听起来让人觉得也是一件很有意思的事情，表面看起来是母国讨伐对其不恭顺的子国，但背后实际上仍是反映了春秋时期各国竞相争夺霸主地位，正所谓"春秋无义战"。

最后为了便于了解，我们把夔国的简况列于表2。

表2　　　　　　　　　　　夔国简况表

基本情况	备注
国君姓氏	芈姓熊氏
爵位	《春秋经》书子，自称为王
国都	夔（湖北省秭归县）
始封此国者	楚王
始祖	熊挚
兴亡年代	公元前861—前634年
灭亡原因	为楚国吞并
史书记载	《左传·僖公二十六年》

西陵国

西陵国，一个距今久远的古国，相当于黄帝同时代的中华文明的另一个发源地。很多人并不清楚西陵国的存在，这一点并不奇怪，因为这个古国从严格意义上来讲只存在于史书的记载当中。然而身为炎黄子孙的我们，有必要去了解它，因为它也是华夏民族的重要血脉源头。

> 司马迁在《史记·五帝本纪》中记载到："黄帝居轩辕之丘，娶西陵氏之女，是为嫘祖。嫘祖为皇帝正妃，生二子，其后皆有天下。"《史记·五帝本纪·正义》解释到："西陵，国名也。"由此两处可知晓，黄帝住在轩辕之丘的时候，曾经娶西陵国王之女嫘祖为妻。嫘祖天资聪颖，富有想象力，史书记载她发明了养蚕，自北周以后，嫘祖被封为蚕神。

上游之国

> 唐代大诗人李白的老师赵蕤所题《嫘祖圣地》碑文中称:"嫘祖首创种桑养蚕之法,抽丝编绢之术,谏诤黄帝,旨定农桑,法制衣裳,兴嫁娶,尚礼仪,架宫室,奠国基,统一中原,弼政之功,殁世不忘。是以尊为先蚕。"先蚕就是蚕神之义。可见嫘祖嫁给黄帝以后,传授养蚕制丝之法,辅弼黄帝统一中原的不世之功。

「黄帝与嫘祖浮雕像」

既然我们将黄帝视作确有其人的先祖,那么其妻嫘祖的故乡,想必应该也是真实存在的。

关于嫘祖,民间百姓口耳相传的故事中,也有对她生动的描述。相传,在水土丰茂的成都平原上,西陵国国王有一位美丽、善良的女儿。她每天不辞劳累,外出采摘野果,附近的野果采完了,便跋山涉水到远处去采摘。可没过多久,远处的野果也采完了。姑娘一想到族中的老幼要挨饿,不由失声痛哭起来。

玉帝听见了,很感动,就把天庭中的罪仙"马头娘"打下凡间,变成吃桑叶吐丝的蚕。蚕把桑树上的桑果送到姑娘的嘴边,姑娘吃了,觉得又酸又甜,就采了许多带回去给族人吃。到了夏天,蚕开始吐丝做茧。姑娘看到蚕丝既有韧性又很轻巧,便编成衣服给族人穿。蚕丝织成的衣服热天凉爽、冬天温暖,穿着很是舒适。姑娘受到启发,将蚕捉回家喂养,逐渐掌握了养蚕的技巧和缫丝织绸的技艺,并将这些技术教给族人,西陵国的子民从此不用再穿树皮、兽皮,而是穿上了美丽轻巧的丝绸。人们因此称国王的女儿为"嫘祖"。

这个传说,牵出了关于西陵国确切位置的第一种推测,即四川盐亭说。

盐亭县因为与盛产盐的盐井相邻而得名。蒙文通著《汉潺亭考》称:"潺水在今盐亭境内,上古时称西陵河。"当地地方志记载:上古各小部落,沿西陵河建立起来了西陵诸国,他们先后发明了养蚕、抽丝、制衣,并选举发明人嫘祖为酋长。

近现代以来,学者们在考察盐亭的煮盐文化的同时,发现了大量的出土蚕桑文物、化石、嫘祖文化遗迹，还发现了唐开元年间赵蕤所题《嫘祖圣地》碑，碑文说："女中圣贤王凤，黄帝元妃嫘祖，生于本邑嫘祖山，殁于衡阳道，遵嘱葬于青龙之首，碑碣犹存。"宋代《元丰九域志》说："梓州，蚕丝山，每上春日，远近士女游此山，以祈蚕丝。"《四川通志》记述四川盐亭有"蚕丝山"。

此地近年还出土许多关于嫘祖发现天虫、养蚕制丝传说的信物等。在民俗考古中，当地百姓称盐亭县城南60公里的一座山为嫘祖山。山上面还有个嫘祖穴，当地世世代代口头相传，洞穴就是当年嫘祖的出生地。一系列的迹象引发考古工作者的极大兴趣，经过长期的考证，20世纪末，人们在当地祖家湾古墓群中发现两幅石刻，分别是《轩辕黄帝族酋长礼天祈年图》和《蚩尤风后归墟值夜扶桑图》。如今，盐亭每个与丝织有关的地名都有一个嫘祖蚕桑织业的故事在流传，老百姓仍保留着每年祭祀嫘祖的民俗。专家们因此相信，盐亭县应该就是当年嫘祖的出生地，也是西陵国的所在。

西陵国人为什么在这里聚集、定居呢？这与盐亭一带的地理条件有密切关系。

> 巴蜀之地自古被称为"天府之国"，有着非常适合居住的环境条件，境内有山、有水、有丘陵，属亚热带气候，四季温差不大，特别适合农作物生长。盐亭一代为长江开口之地，处荆山之西南，巫山以东，方圆数百里。当时，长江尚未疏导，四川西陵一带水患严重，洪水动辄淹没数月乃至经年，氏族群落不可沿江而居，只有盐亭一带利于人类居住。盐亭附近有座雷丘（即雷公山），在那里曾经居住着西陵国部落联盟中的雷氏部落。这支部落以狩猎种植为生，兼营养蚕缫织，也许这个雷氏部落就是西陵国的统治者所在的部落，而嫘祖的名字也可能与雷氏部落的"雷"字有关。在黄帝时代到来后，西陵国因嫘祖与黄帝联姻而与中原统一。

以上是关于西陵国所在地的主要说法之一：四川盐亭说。

除此之外，还有人认为西陵国在今天的湖北境内。

第一种说法是在湖北宜昌。《战国策·秦策四》记载："顷襄王二十年，秦白起拔楚西陵，或拔鄢、郢、夷陵，烧先王之墓。"这是关于西陵所在地最早的确切记载。其后,《史记·楚世家》也有类似的记载:"楚顷襄王十九年,秦伐楚,楚军败,割上庸、汉北地予秦。二十年,秦将白起拔我西陵。二十一年,秦将白起遂拔我郢,烧先王墓夷陵。"但是具体西陵国在楚地何处呢?清同治年间《宜昌府志》记述湖北宜昌西北处有西陵山。现在宜昌境内有个非常著名的景点——西陵峡。西陵峡因西陵山而得名,西陵山地处长江中上游的结合部,是一座千古名山,在宋代王存所著的《元丰九域志》中,西陵山被列为峡州六处古迹之首。今宜昌西陵峡口风景区的西陵山上、在先人溪畔的嫘祖洞里、在黄牛岩上的轩辕洞和玄嚣洞中,处处都留有嫘祖的圣迹。关于嫘祖的传说,民间现在仍然有很多。

宜昌地区的人们始终相信,黄帝的正妻嫘祖,她正是在这里发明种桑养蚕、缫丝制衣的,从而使人们告别了赤身裸体的蛮荒时代,与黄帝一起开创了中华男耕女织的农耕文明,被世人誉为"人文女祖",并祀为"先蚕"而被世代尊崇。湖北宜昌乃是嫘祖故里也是一种值得重视的一家之说。这一观点认为西陵国范围大致在今以宜昌为中心含川东、鄂西、襄北、荆湘部分区域。

据此,谭其骧的《中国历史地图集》将上述文献所记的"西陵"绘制在今宜昌西北处。此说其实出于战国时代。

第二种说法是在湖北武汉。《史记·五帝本纪·正义》中引《括地志》的说法:"西陵国故城在黄州黄山西。"《汉书·地理志》曰:"江夏郡西陵县。"这里两处所说的西陵故城在江夏郡的西陵县,即今湖北武汉市黄陂区西南。

第三种说法是在湖北安陆。南宋罗泌《路史》:"西陵,黄帝元妃嫘姓国,作傫同。今江夏安陆(陵)间,故吴以安陵为西陵,有嫘氏、西陵氏。"安陆,秦时置县名,西汉属江夏郡,在今湖北安陆。此说与上面湖北武汉说相同,此说出于南宋。

此外还有河南开封说、河南西平说、河南荥阳说等,看来争议都很大,这里就不一一列举了。遗憾的是,西陵国主要存在于少量的历史记载和民间传说中,它不是严格意义上的一个国家,因此除了嫘祖之外没有更多的信息供我们去探究。

中游之国

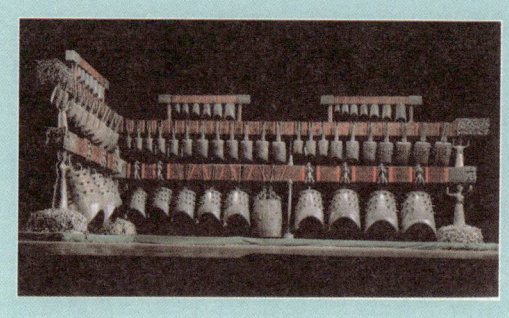

很多早期中原部族和国家的迁徙都与长江中游这片土地有关,江汉之间诸国的文化融合、诸小国与楚国的文化融合,形成了独具特色的楚文化。而楚文化是汉文化的基础,这是我们以往所易于忽视的一面。

庸国

在现在湖北省西北部的竹山县，很久以前分布着很多氏族部落。这其中有个文明大国，就是庸国。

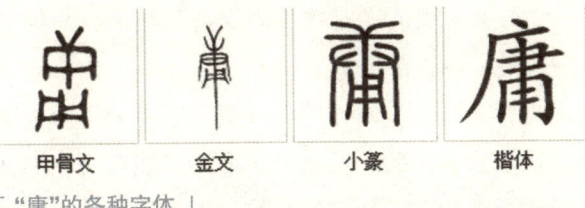

「"庸"的各种字体」

在商代甲骨文中庸国就已经作为一个侯国存在，但让庸国人广为世人所知的历史记录，是它参与周武王伐纣的战争中。武王伐纣的决战发生在公元前1046年。古书生动地记载了这次战斗的战前动员。

武王战前动员的对象，可以分作两部分人。一部分是他自己手下的各个首领，像司徒、司马、千夫长、百夫长之类；另一部分可以称作是周武王的同盟军，包括庸、蜀、羌、髳、微、卢、彭、濮这些国家或部落的人。商朝时期位于西南边裔的方国和少数民族，应该也是不满商纣王的统治，和周武王有共同的诉求，在攻打商纣王这件事情上有共同的愿望。这里特别值得我们注意的是庸国，它是排在第一位的。虽然讨伐商纣王这次战斗的主要兵力，应该是周武王的兵力，但庸国在当时应该是具有一定实力的大国，是周以外的联盟中最为强大的。

> 根据古代的材料，我们知道庸国的范围大致在现在湖北竹山到陕西安康一带，即鄂西北、陕东南、川东北地区。其他参加武王伐纣的七国大致统治范围分别是：蜀国在今四川成都、巴中、广元一带；羌人在今甘肃南部和四川的西北地区；髳在今山西南部；微在今陕西郿县；卢在今湖北南漳一带；彭在今湖北西北部；而濮在今湖北江汉以南广大地区，古代有"百濮"之称，是一个有很多少数民族的庞大部族群的统称。他们能够形成同盟军的事实，同时也说明在那个时代这些不同的国家和部落是有着较多联系的。

周朝政权建立之后，以一支不太强大的新型力量统治着广阔的国土十分吃力。怎么办？只有借助于盟邦的力量。现代一些考古发掘证明，周王朝曾经迁徙伐纣盟邦中的部分巴国人到周人的祖居地渭水中游。这一事实表明，这种迁徙伐纣盟邦中的部分军队或平民到一些地区帮助周天子守土固邦应该是当时较为普遍的做法。当时把商朝的王畿之地划分为邶、庸（也写作"鄘"）、卫三国，让周公的弟弟们分处三国以便监管商朝的遗民，称作"三监"。周公的这三位弟弟在周成王时代不满周公的统治，与纣王之子武庚一起造反，最后被打败，各自都受到了惩处。

现在的问题是，这三地为什么有一处叫作"庸（鄘）"？专家们认为既然"三监"的设置主要是监视商朝遗民的，后来"三监"又能造反，那么肯定他们的手上都有武装力量。根据武王伐纣的时候，周人的武装力量的老底子"戎车三百乘，虎贲三千人，甲士四万五千人"看，统治偌大的领土人手肯定是不够的，只能是从各同盟国中调军队，庸国的军队就是这样过来的。像历代的人口迁徙一样，迁来的人口多了，住久了，就形成了一种气候和一个文化聚落区。后世西汉刘邦为了安慰思乡的刘太公，就在秦国故地骊邑仿照家乡沛县丰邑的街巷布局重筑新城，把老乡故友都迁居于此，此后骊邑改名新丰。道理是一样的。《诗经》中"十五国风"中就有《鄘风》，表明庸国的文化已经在这里留下了深深的影响，虽然庸国文化的主体不在这里。

"三监"的叛乱被周公平定，受惩罚最为厉害的应该是叛乱的头目即管叔。而管叔正是管辖庸人在这里的武装的，因此我们可以想见，庸人在叛乱平定后肯定会受到一定的严厉惩罚，并从此失去周王室的信任。另外，庸国在商朝是侯爵，在周朝反而降为子爵，可能也与此有关。

在西周发展的早期，庸国没有什么强大的邻居。它的周边有东南部的楚国，西北部的巴国、秦国。但周公平叛之后的一段时期，庸国经过了一个衰落的过程，并不时受到南方新兴的楚国的欺凌。

楚国发展到第九任君主熊渠时，庸国算是遇到了对手。熊渠在位的这段时期，周王室衰微，各诸侯国对周天子也不是那么恭敬了，互相之间攻伐不断，熊渠看准了这个大好时机，利用自己在江汉地区有些人望，就兴兵攻伐庸、扬越等国，处于国势衰落的庸国就成了楚国的附属国。

中游之国

到了春秋中期,楚国又出现了一个强者,他就是被后世称为"春秋五霸"之一的楚庄王熊侣。楚庄王在位共23年,他的一生是奋发有为的一生,于是和楚国最近的庸国就成了他要攻打消灭的对象。

楚庄王即位开始,采取守时待动的策略,整天过着花天酒地的生活,显得没有大志的样子。其实这些都是表面现象,他在观察形势,观察每位大臣,最终他要实现"十年不鸣,一鸣惊人。十年不飞,一飞冲天"的理想。他在位的第三个年头,也就是公元前611年,这年楚国全国粮食歉收,周边的形势也很严峻。南方的戎族从西南、东南两个方向对楚国进犯。庸国觉得楚国衰弱了,有机可乘,本来已经依附于楚国,这时率领蛮族叛离楚国,麇人也率领百濮准备进攻楚国。在开始阶段,庸国利用有利地形和自己联军的实力,连续七次击败楚军。但是在胜利的大好形势下,庸人骄傲了,放松了戒备。结果经过楚庄王的一番外交努力,他把庸国的同盟军群蛮变成了自己的同盟军,让他们从庸军内部倒戈,又联合了庸国的两个最大邻国秦国、巴国,一起攻打庸国,对庸国形成了前、后、侧翼的多方夹击。庸国此役大败,从此被楚庄王给灭了。庸国是楚庄王北上称霸的第一个祭品。

庸国从公元前1046年与周联合灭商纣,到灭国共存在了430多年。如果从商朝时作为部落方国算起,庸国存在了980多年。

庸国亡国后,在一段较长的时间内,楚国都实行间接管理。设立上庸县,委托"封君"予以管理,甚至到战国时期,从楚惠王到楚肃王、楚宣王年间,楚国还曾两次封庸国贵族"庸夜君"统治这块地方。由此可见,庸国旧有势力的强大以及庸国的稳定对于楚国的重要性。

亡国以后,庸人的去向分成很多部分。一部分不断迁徙到现在的湖北监利、湖南攸县、常德、张家界及湘西一带,一部分归顺入了楚国,一部分作为庸国的遗民留在原地,一部分进入四川盆地,还有一部分往东迁徙,和位于今天安徽南部的群舒部落组成了舒庸。但历史上留下较多史迹的,是迁徙到现在湖南张家界及湘西一带的庸人和留在原地的庸人。湖南张家界市1994年前叫大庸市,湘西境内有大庸溪、大庸坪、大庸滩、大庸口、庸水、庸州等与"庸"有关的地名,都是庸人曾在此休养生息的遗迹。庸人和当地人和睦相处,渐渐地把当地变成了避乱遗世的武陵仙境,从此与世无争的隐逸文化成了庸人文化的特质。

庸国的族属还有争议，人们在继续探讨中。

一种认为来源于黄帝之臣容成氏，一种认为来源于三皇之一的"祝融氏"。不管是"容"还是"融"，人们认为古音与"庸"是相近或相通的。因此，"祝融"也就是"祝庸"，"容成"也就是"庸成"。承认它们的相通，很多疑惑就容易理清楚了。与"庸"相近或相通的还有"诵"和"颂"——这一点我们后面再讲。总体史料的倾向是，祝融是庸人的远祖。从这个角度说，庸人、楚人还包括与庸人相邻的糜人等，他们的远祖是同宗，都应该是"祝融八姓"的后裔。

以前有人认为庸人属于"群蛮"，理由：一是它处于南方群蛮之中，二是唐代的一部古文献《括地志》中提到它时说"昔周武王伐纣，庸蛮在焉"。我们觉得唐朝的说法不可信。原因有两个：一是唐代与庸国的时代太远，二是人们通常说"历史是由胜利者写成的"，这话有一定的道理。早在这之前，庸国作为一个被灭亡了的失败国家，就被后世进行了很多妖魔化或丑化的过程。那个"庸人自扰"的成语就是出自唐朝。我们认为不能轻易把庸国确定属于群蛮，主要的依据是它的文明发展程度，要远远高于当时的很多国家或部落——这一点我们在后面会有列举。

> 据甲骨文资料显示，庸人最早是生活在中原地区的，主要在豫东北和鲁西南地区，到了商朝中期以后由于商王朝实力的增强，他们被赶到了南方的荆蛮之地。由于他们的文化和实力，无论是帮助武王伐纣位列首位的同盟国，还是此后联合群蛮抵抗楚国，庸国都是作为大国在牵头。

用一句现代的话说，庸国的文明程度和文化软实力，在当时没有哪个国家能够赶得上的。它的灭亡不在于文化，而在于国家战略。唐代才出现的"庸人自扰"一词，如果我们不把它理解为"平庸的人自己瞎折腾"，而理解为"庸国人自己瞎折腾"，就接近庸国灭亡的真正原因了。

庸国，作为一个失败和被灭亡了的国家，在漫长的历史进程中经历了一个不断被丑化的过程。在中国丰富的词语密林中，今人所知很多带有贬义的词语都是讽刺和挖苦庸国和它的遗民的。"庸",成了无用、愚蠢和傻瓜的代名词,如庸庸碌碌、平庸无为、庸下、凡庸、庸懦、庸主、庸君、庸俗、庸邪、庸塞、昏庸、庸暗、庸妄、庸昧、庸医杀人……凡是和"庸"搭边的词,都带有不屑的成分。

为什么会这样?除了庸国自身是一个亡国的因素外,原来在春秋、战国时期就出现过这样一种风气,那些灭亡了的国家,那些非华夏文化中心区的国家和那些处在边远地区的未亡小国、弱国,都是人们讽刺、丑化和开玩笑的对象,庸国更不能例外。这在后世被称作文化沙文主义或大国沙文主义。

但是庸国给后世留下的辉煌文化和贡献仍有很多,我们披沙拣金,还是可以探讨出一些的。这些主要从直接与"庸"有关的汉字中都可以看出。

第一说"墉"。

这个字本身和建筑物有关。庸国在当时疆域广、人口多,史书上记载庸国的筑城比较早,也很高级。根据考古显示,同时的南方各国如巴国、楚国都还没有筑城的记载。我们知道,城的建筑在人类文明史上很有意义,世界上称作是"城邦文化",它是人类从部落进入一个更新文明社会的标志,也是严格意义上的国家建立的标志。据记载,庸国人的筑城技术声名远播。西周建立之后,公元前1059年,周公发起组织营建东都洛邑,就请了庸国人去建的,此外他们还为周边国家建筑宫室。现在湖北竹山县文丰乡皇城村的古庸国方城遗址的城墙,历经三千余年风雨仍然屹立,证明了庸人高超的筑城技术。

庸国筑城的技术和标准,成了那个时代的技术和标准。我们现在所知道的"城",最早叫"郭",古人当时叫"城郭"。真正的所谓"城"实际上是内城,都是那些王公贵族所居住的地方。像现在北京的故宫(紫禁城)一样,属于内城。后世所谓的城或城郭,是外城,像北京的东直门、西直门等才是。这个叫"城郭"的建筑更早则叫"城墉(城廓)",就是由庸国而来。这种由内城和外城组成的城墉(或城郭)的出现,标志着一个较为发达的国家的出现,它兼具防御和管理的双重职能。《诗经·大雅·崧高》中有:"王命申伯,式是南邦。因是谢人,以作尔庸。"表明申伯要想统治南方,抓紧建筑牢固的城墙是当务之急。从《诗经·鄘风·定之方中》可以看出，庸人不仅善于筑城，而且拥有全面的营建技术。庸国是一个筑城大国和营建大国。庸人建设的城墙无疑代表着当时的最高水平，我们不应忘记曾经的庸国人对民族的贡献。

第二说"镛"。

它是钟的一种，又称甬钟、镈钟，确切地说是大钟。《诗经·商颂·那》称："庸鼓有斁，万舞有奕。"《毛传》解释说："大钟曰庸。"可见，从商代开始，盛大的钟乐之声和乐舞场面，是少不了这种大钟出场的。庸国盛产五金，作为祝融后裔用火的本领应该是一流的，其青铜冶炼技术在当时最为著名，被称为是"铸钟大国"，那些掌握着精湛铸钟技术的人被称为"镛人"。显然庸国是以钟为国徽的国家，是一个器乐大国。

既然以大钟的铸造而闻名，庸国的青铜冶炼技术也是首屈一指的。同理，庸人的青铜兵器技术十分先进，《古代战事考》说："惟庸人善战，秦楚不敌也。"坚甲利兵使其战斗力很强。这自然是它强盛时期的情况。左图为今人发掘的庸国的"兵器戈"。此戈的作器者是鄘公的嫡长子，其九字篆体铭文："鄘公之大元凡子羽戈。"表明这是一件正宗的"庸器"，也是迄今为止所发现的唯一的一件庸器。

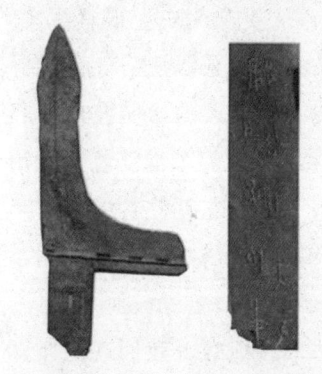
「庸国的兵器戈」

再者，既然是火正祝融的后代，同样也是用火人们有理由相信它也是一个制陶大国，应该是陶器鬲的发明者。鬲是一种三足食器，其空腹的受热面积最大，可以充分利用火力，既节省燃料也节省时间，是我国先民的伟大智慧创造。

第三说"附庸"。

庸国在它兴盛的时代，对周边小国具有很大的影响力。《路史》载："䢼、儵、鱼，庸之三邑。"就是说这三个部族、部落或国家，实际上是庸国的三处城邑。这里的"鱼邑"在哪里？有说"鱼邑"就是后世的鱼复县，在巴东永安（今重庆奉节），有的认为庸国的势力在当时不可能达到长江边上，而应该在位于今天陕西安康县的鱼脯谷，即庸国疆域的中心地。两种说法争论不下，就出现了一种调和的说法，认为鱼国最早在今天的陕西安康，被庸人所占，后来才南迁到重庆的奉节。我们认为，鱼国具体在哪里仍然可以继续探讨，但鱼国和䢵、儵两国（或部落）绝不是庸国的城邑，这一点是肯定的。说是庸国三处城邑的，主要是明清时期学者的观点，或是前人表述不准确所致，不可信。那么，它们和庸国是什么关系呢？是"附庸"关系。"附庸"这个词人们习以为常，不是太能够体会到它的原义了。"附庸"就是"附于庸国"，双方的关系可能是你情我愿的与国友好关系，就是以"傍强国"为时尚，获得心理上、外交上的依赖性。也可能是弱国迫于强国势力而形成的附属关系。这在古今中外的国际关系中是一种常见的现象。更多的时候，弱国是以与强国建立密切关系为荣幸的事，它们寻找到了保护伞，否则在庸国与楚国的斗争中，庸国不会有那么多的小国组成与之联盟。古人明白附庸的基本意思，《礼记·王制》："公侯田方百里，伯七十里，子男五十里。不能五十里者，不合于天子，附于诸侯曰附庸。"郑玄注："附庸者，以国事附于大国，未能以其名通也。"但可惜没能领悟到"附庸"最初是"附于庸国"的意思。

　　第四说"颂"。

　　庸、诵、颂，属于同音转注，其指义同一，即是庸、诵、颂相通。这表明庸国是一个歌诗大国，或声乐之乡。《诗经》的"十五国风"中有《鄘风》，可见周王朝把庸人聚集地鄘当作重要的采风区域的。采风的目的就是收集民情，改善治理。另外，《诗经》按内容、采集类别和应用场合，分为风、雅、颂三部分。学者们认为，颂诗，不是商朝、周王朝和鲁国的创造，而是庸国早期开其端绪的。我们知道，风诗是王朝派人到各地采集到的土风歌谣，小雅的一部分来源相同，小雅的大部分、大雅的全部以及颂的全部都是贵族文人的作品。这些既可传唱又可朗诵的诗，又都经过宫廷文人和乐师反复打磨了的，因此能够传下来的都可以称为精品，成了主流文化的代表。正因为如此，后世才有成语"附庸风雅"一说。对于"附庸风雅"现代一般的解释是：指某些人为了装点门面而结交名士，从事有关文化活动，以示自己有一定的文化素养。如果我们换个思路，把"附庸风雅"理解为"附颂风雅"，读成"附颂、风、雅"，就会豁然开朗。表明经过改造、加工和修饰，也能够和颂、风、雅侧列一起，从而成为一种高端大气上档次的东西，作为个人则显示出一种品位的提升。这与后人理解的"附庸风雅"并不矛盾。

第五说"朝秦暮楚"。

楚、秦、巴的联合灭掉了庸国,被亡国的庸国就散了。庸国的贵族们大多南迁、西迁了,余下没走的遗民多是下层民众,他们没有能力远走,作为亡国之民也无力保护自己。他们的原居住地,除了大片给楚、秦瓜分外,在楚、秦两国交界之处也有块类似"飞地"的地方,不时有两国的军队轮流到此巡逻。作为弱势群体的庸人谁也不敢得罪。他们常常在一天之中,早上挂出秦国的旗帜表示归顺秦国,傍晚怕楚国军队来找麻烦,就换上楚国的旗帜,表示对楚国的降服,这就是"朝秦暮楚"的来历。这种首鼠两端的生活让他们显得十分狼狈,也让他们成了弱者、没有主见的代名词,从此庸国或庸人就进入了被人丑化和妖魔化的过程。

第六说"中庸"。

中庸,是中国传统文化的最高标准。由于儒家"四书"中有《中庸》一篇,仿佛它成了儒家概念的专属,其实不是这样。又由于"中庸"单纯地被人们理解为"不偏不倚",在曾经的儒家文化批判中被视为"乡愿"、保守、老好人的代名词,深受人们的误解。但随着研究的深入,中庸的深刻价值正在被人们越来越准确地理解。

中庸,不仅仅属于儒家,它是中国思想价值观念的最高判断标准,在世界上是少见的。现在我们不清楚的是,"中庸"是偏正结构还是并列结构的组词。若是偏正结构,"中庸"就是表示"符合庸",意思就是符合当时大国庸的标准。现代河南话口语中的"中",仍然包含有"好、行、同意、符合、合适、造"等含义,可以参照。符合庸的标准就是符合当时先进文化大国的标准,就是一种国际标准。由此可见,庸国在当时的文化影响力,这是一个我们现代人难以完全体会到的以文化繁盛的庸国为标准的时代。若是并列结构,"中"也就是"庸","庸"也就是"中","中庸"就是"符合标准"的意思。现代学术界对传统文献《周易》和出土简帛的研究都表明了这一点,就是"中道"来源于周朝以前,一部《周易》所讲的也就是中道。"中"讲究既不要"过"也不要"不及"。成语有"执两用中"、"过犹不及",认为对任何事情取其最佳状态和标准,"过"和"不及"结果相等,危害也是相同的。在事物的两极中,初九"潜龙勿用",上九"亢龙有悔",都不是理想状态,在《周易》所有的两两相对的概念中，都是取"中"，而不用两极，并注意两极演化过程中向好、向坏的变化。我们可以扩而大之，在所有自然界的对立两极中取"中"，就会受益无穷，这就是中国思想的智慧。而"中庸"之"庸"在古时候也常被人解释为"用"，人们视"中庸"为最为有用的处世哲学。

"中庸"的意义还远远没有被人们所认识，还值得大力挖掘。

最后，假如我们承认庸国的文化是它那个时期的综合性的先进文化的话，也不得不承认以下这些属于庸国的文化。

医疗。《民俗博览》记载："庸人好巫。端公疗疾，其效神验，乃上古遗风也。"在上古巫，是综合文化的最高代表，"端公"是带有面具的大神，也就是大巫，他们在应用医疗技术为人们解除病痛方面达到了相当高的水平。远古本来就是巫医不分，只是庸国的巫资历更早些罢了。

历法与农业。《尚书大传》说："容成作历。"庸国的先民最早发明了农历，只是传统上把这种发明权归功于庸国的祖先容成个人而已。其祖先祝融作为"火正"，其职责之一就是观测天象，是"火历"的发明者。这些都是与当时的农业息息相关的，因此也可以说庸国是当时的农业大国。

围棋。据历史典籍记载，古称上庸这块地方，曾是尧之子丹朱的封地。丹朱因为自少愚顽，尧怕他在封地惹是生非，同时也是为了教化他，特地发明了围棋，因而这里也是围棋的发源地，史称"尧时庸人善弈，性狂放狡黠"。由此可见，围棋是最早在这块地方盛行开来的。

庸国，曾经强大的庸国，它的成就被人们认为几乎包括了全部古代文明的因素，有学者称其为中华文明的源头，并不过分。

申 国

关于"申"字，据著名古文字学家于省吾先生考证，甲骨文以及金文的"申"字，像电光回曲闪烁之形，古人见电光回曲闪烁于天，认为神所显示，《说文解字》里也说"申"为"神"。由此可见，"申"这一民族是以"申（电）"为图腾的。

关于申国，我们从先秦著名的历史典籍《国语》可以看到这样的话：

「隶书——小篆——金文——甲骨文——骨刻文——骨刻原图」

「《说文解字注》中的"申"」

"齐、许、申、吕由大姜。"《世本》里也说："许、州、向、申，姜姓也，炎帝后。"作为炎帝之后的申与齐、许、吕、向、州等同祖同宗，为姜姓，它在夏、商时期就已经存在，并延续至西周和春秋时代，约有1600年的历史。据有关史料记载，上古时代，炎帝部落最早生活在陕、甘之间，后来主体开始向东迁至山西、河北等地，其留在原地的氏族与西北其他部族一起被先秦典籍统称为"西戎"，其中炎帝后裔的姜氏部族又称"姜戎"或"姜氏之戎"。"姜戎"这一支后来又东迁进入山西和陕西交界之地。申作为一个方国部族在它漫长的历史时期里，由于存在着分封、迁徙等各种复杂的原因，给后世留下了许多的谜团。

现在可以知道的有西申、南申和东申三个部族的存在，下面我们试着简单梳理一下这三个部族的情况。

（一）西申

我们知道，尧舜时代，洪水泛滥，民不聊生，贤德的君主舜任用禹、后稷、契、皋陶、倕、益、伯益、夔、龙等一批贤能之士治理国家，抵御洪水，其中命伯益担任管理四时方岳的官职，称为"四岳"，辅助大禹治水，"作秩宗。夙夜惟寅，直哉惟清"。洪水平定之后，天下太平，这些功臣及其后裔子孙相继受封为侯国，伯益的子孙们被封于吕、申等地，成为一个个小的方国，可见从那时起，申作为一个方国已经存在。我们熟知的姜太公便是伯益的后裔，他的祖先被封在吕地。他又叫吕尚，"姜"是其姓，而"吕"只是其封地而已。

那么西申具体是指今天哪里，或者说当时的原封申地在哪里呢？著名历史学家蒙文通先生指出："《西山经》有申山，有上申之山，有申首之山,申水出焉。《地理今释》云:'申首之山,今甘肃中卫县南雪山山脉,东趋直至陕西葭州河岸,为申山上申之山之首干,故曰申首也。'则安塞米脂以北,西连中卫,为申戎之国,所谓西申。"他认为在今宁夏回族自治区中卫县至陕西米脂县一带,古为申戎之国,也就是西申所在地。申戎之国即夏、商以来的西戎"申侯"之国,也是《通志》里记载的周成王时,西申国曾经向成王进献凤鸟于成周之会的"西申",西周中期周孝王时的"申侯"之国、西周晚期周宣王时所攻打的"申戎"之国。"盖此一申氏在宗周以西,故曰'西申',以别于东申耳。西申同化于戎,故亦曰申戎矣。"大约在西周时期,为与南申相区别,此申称为西申。

很早以前,姜氏部族便与周部族有着十分密切的关系,两个部族世代通婚。如生下周之始祖后稷的就是姜姓之女姜嫄,周太王之妃、王季之妃(周文王的祖母)等皆称为姜氏女,姜太公作为周文王的军师,后来被封于齐地,又与姬姓王室诸侯联姻,《左传》里说:"夫齐,甥舅之国也。""虽有姬、姜,无弃蕉萃。"把姬、姜并称。后来南迁的姜姓申国公子诚是周宣王之舅,周宣王的少子郑武公也是娶南申国申侯之女武姜为夫人的。

西申侯长期经营宗周西陲,有着强大的军事实力,加上与周王室世为婚姻的政治地位,因此也有着强大的政治资本。申侯强大的实力使得历代周王有所忌惮,从而对周王的政治决策有着很大的影响。《史记》中就记载了这样的一件事:大骆(西犬丘之地的封主,在今甘肃礼县)生了非子,又娶申侯的女儿生了子成,周孝王非常赏识非子,想要把非子作为嫡子来继承大骆之位,而申侯却力保自己的外孙子成为大骆的继承人。最后周孝王还是顾忌到申侯的建议,只好另外封非子于秦地。由此可见,申侯在周王朝中的地位与威信。根据"伊簋"铭文记载,申国的另一位重要人物"申季"任职于周王室,周厉王在册封伊时,以"申季"为傧右,成为周王朝重要的卿士。

周宣王时期,宣王封其大舅在南阳之地建立南申之国,下面在南申中会具体讲到。这时西申之国还依然存在,称"申戎"或"姜戎",周宣王

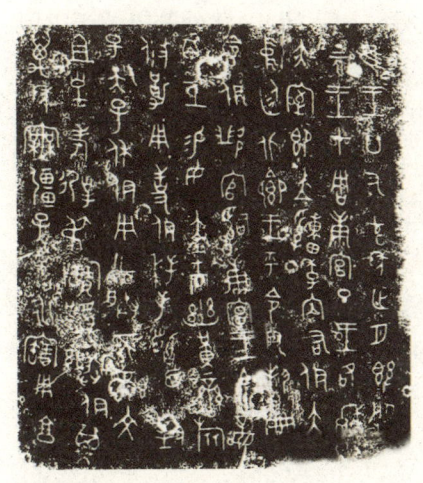

「"伊簋"铭文」

三十九年（公元前789年），宣王与申戎发生了一次大的冲突，起初大破申戎，后由于深入申戎之地，被打败，这部分申戎可能是申国南迁南申时，不愿与申伯南迁的一支，故《史记》里说"宣王既亡南国之师"。此处的南国便指南阳之师，就是南申，这次攻打申戎，周宣王可能调动了南申之师，回去攻打自己的部族，南申自然是不情愿的，于是纷纷倒戈，宣王大败，所以称为"亡南国之师"，这样西申得以继续存在，直到东周春秋早期。

约在周桓王姬林十六年（秦宪公嬴立十二年，公元前704年），秦宪公（又称秦宁公）占据平阳为秦国都城，西申国被秦国顺带吞灭，其国民四散迁逃，王族子孙以及国人便以故国名为姓氏，称申氏。

（二）南申

素有"宣王中兴"之称的周宣王南征北战，开疆拓土，申伯为周王朝的中兴立下了巨大功劳，当时的西周贤相仲山甫称赞申伯为："崧高维岳，骏极于天。维岳降神，生甫及申。"同时为了加强对南方局势的控制，"防御夷楚，保卫南土"，巩固南方的门户重镇，"不显申伯，王之元舅，文武是宪"。封其大舅申伯（西申国公子诚）于"谢"地，就是今河南南阳市，彻取村社土地的一部分作为公田，还派遣近臣傅御把申伯的私人（申伯原有的臣民）迁去，以便他迅速建立统治政权。周宣王"钱送申伯还南"，这从《国语》的记载里也可找到证明，史伯分析西周晚期形势时说："当成周者，南有荆蛮、申、吕、应、邓、陈、蔡、随、唐。"此处的申位于成周洛阳的南面，与荆蛮、吕、应、邓、陈、蔡、随、唐并提，是为中土之申，无疑是指宣王之时的南阳之申，称为南申。周平王东迁以后，南申是东周王室的南大门，为了防备荆楚侵犯，周在此驻扎军队以"成申"。南申国为了加强与中原内地诸侯的联系，前面我们说过，申女武姜曾嫁于周宣王的儿子郑武公。

当然，随着西周王室的腐化以及内乱，日益引起南申国的不满，导火索就发生在"烽火戏诸侯"的

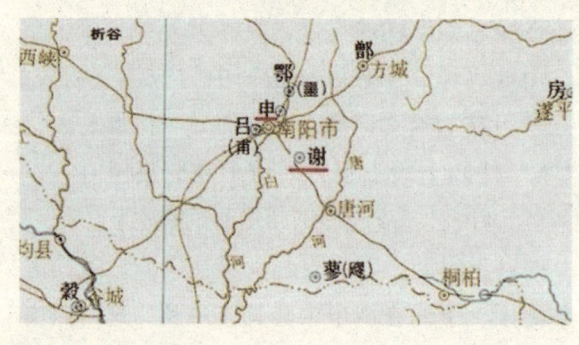

「南申地理位置图」

周幽王时期，太子宜臼的母亲是申侯的女儿，为幽王的王后。后来幽王得到了褒姒，宠爱有加，想废掉宜臼的太子之位，立褒姒之子伯服为太子，这件事激怒了申侯，于是联合缯、西夷犬戎等攻打幽王，爱美人不要江山的幽王自食其果，任凭烽火台上的狼烟滚滚，却无一诸侯前来勤王，于是申侯杀幽王于骊山，俘虏了褒姒，"尽取周赂而去"。后来南申同其他诸侯一道立宜臼为周王，是为周平王。

周平王时期，周王朝的都城从镐京（今西安）迁往洛邑（今洛阳），开启了东周王朝的历史进程。之所以迁都洛阳，除了洛阳是周成王以来苦心经营的陪都，还有一个更重要的原因是此地远离西戎等少数民族，而且离南阳不远，便于申国的保护，由于此时申国国力强大，有实力拱卫周王室。《国语》里说："申、缯、西戎方强，王室方骚。"此时也有部分申人屯驻于东周的东郊，"自申至于虎牢之境"，起到保护周王室的作用。

春秋早期，楚国向北并吞汉水诸国，申国虽然很强大，但与楚抗衡仍难以幸免，公元前688年楚文王率军北上，地处要冲的南申国成了攻击目标之一，楚文王借道邓国来讨伐申国，南申之地被楚文王所灭，与同时所灭的息国一起（由于二地距离很近），合并建县，任用曾为申国军事首领后投降的彭氏贵族彭仲爽为令尹，这有考古实物为证。1975年在南阳市西关发现的一座古墓，发掘出随葬的青铜器等遗物，其中有一件铭文为"申公彭宇"的铜簠，专家认为这个"申公彭宇"当为申县的最高行政长官，申公彭宇是彭仲爽的后人。2008年7月又在南阳市中心城区八一路与工业路交叉口西北角一施工工地发现了一大型古墓群，除出土大量的礼器、乐器、兵器、玉器外，考古人员还清理出720件皮甲，并从一件青铜戈上发现了"彭所之戈"的铭文，表明墓主人是彭公的后代。此墓北距申公彭宇墓100多米。这说明，在一个比较长的时期内彭氏家族作为申公是世袭的。

申、息之地设为县后，既

「申国古墓发掘现场」

「青铜戈上的"彭所之戈"鸟书」

是楚向北发展的前哨阵地，又是防御中原诸侯向南进攻的要镇，有着很重要的战略地位。因此，彭仲爽在楚王的授意下，在原申国组建强大的精锐部队"申息之师"，由楚王直接管理，帮助楚国修建长城，攻城拔寨。

公元前594年，楚庄王同意以申和吕两地部分土地作为弟弟子重的赏田。而当时楚国申地的长官劝谏，说申和吕是楚国北方边境重要的军事重地和兵源地，如果以申、吕为赏田而不是楚王直辖，那么就丧失了这两地的军事功能，晋国和郑国就必然突破边境而攻击到楚国的腹地汉江流域。

公元前585年，晋国讨伐蔡国，楚国以申息的兵力救蔡。晋国将领认为，此战胜利则仅仅是击败楚国的两县而已，失败更为耻辱，因此主动撤退。顾颉刚先生指出，以申、息两县的兵力即足以和霸主之国晋国的军队周旋，可见申、息之地的富庶。

历史上便有率领申、息之师名扬天下者，如楚相孙叔敖和楚国的左司马眅。被司马迁誉为"天下第一清官"的孙叔敖为楚相时，于楚庄王十七年（公元前597年），率"申息之师"在邲地（今河南省荥阳东

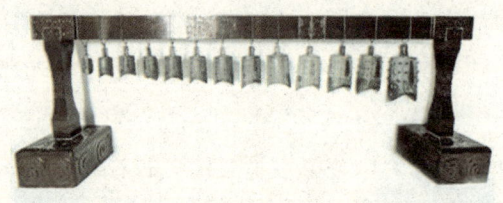

「河南信阳左司马眅墓遗址出土的编钟」

北）大胜晋兵，威震天下，助楚庄王得以称霸中原。《左传》中记载的楚国左司马眅（今河南信阳人），因统帅"申息之师"有功，当上了楚国的左司马。楚昭王十年（公元前506年），他统率数十万"申息之师"，在灭戎蛮子赤的战役中指挥灵活，最终取得了胜利。左司马眅战功显赫，1957年在信阳城阳城左司马眅墓中出土新铸的编钟上便记载了这件事。

(三) 东申

严格意义上来说，东申不能算作一个独立的国家，它是南申国的遗民

迁居之地，算是楚国的附庸国。楚文王灭申之后并未取消申国，而是强迁南申部分贵族、百姓移民他处安置，安置在今河南信阳市，称为东申。

楚文王迁申地百姓于信阳一百多年后，吴、楚交战激烈，淮河流域成为交战之地，楚灵王担心其地故国会起兵连吴抗楚，"楚之灭蔡也，灵王迁许、胡、沈、道、房、申于荆焉。平王即位，既封陈、蔡，而皆复之，礼也"。由此可见，迁许、申之地百姓于荆山，楚平王是为了安抚民心，又恢复了其国。

重新复国的南申国作为楚国的附庸国，一直存在到春秋晚期。1975年，洛阳博物馆在东周城遗址以北1公里处清理一座春秋古墓，出土了五鼎、四簋、一壶、一豆，壶颈有铭文曰："申伯彦多之行。"考古报告定之为春秋晚期墓葬，其器则为晚期前段之物。1990年4月，在湖北郧县肖家河村清理出一座春秋晚期楚墓，出土铜簠2件，形制相同，在器底与盖均有相同的铭文，3行19字："申王之孙叔姜自作飤簠，其眉寿无期，永保用之。"这一青铜器也表明，在春秋晚期申国依然存在，且与其他诸侯国有一定的外交关系。

(四)"申"之余响

可以想见，在春秋战国时期历史大动荡的背景下，申国的百姓也像其他部族的民众一样，在战争的裹挟下，漂泊无定，四处迁徙，各自寻找着在历史长河中的安身之所。由于申国的历史变迁，其后裔迁到了很多地方，以申为姓，有在楚国为官的，如楚昭王时期因孝义著称的大夫申鸣。申人还有北迁到齐、鲁之地的，《古今姓氏书辨证》说："其族仕诸侯者，齐有申蒯，又有申鲜虞、申傅挚。鲁有申丰、申繻、申湏、申夜姑，又申党字周，为孔子弟子。"可见申人在齐、鲁的盛况。

除以上之外，战国四公子之一的黄歇，他的事迹更加耀眼夺目。公元前273年，秦昭王命白起与韩、魏联

「无锡锡惠公园的"春申涧"牌楼」

合攻楚。在三军整装待发之际，申国故地（今信阳潢川）人黄歇显示了其卓越的才能。他首先出使秦国，向秦昭王上书陈述秦、楚结为睦邻友好的利弊大势，促成秦、楚订立和好盟约。接着，与太子完到秦国做人质。公元前263年，黄歇巧设妙计与太子完死里逃生地回到楚国，楚顷襄王去世后，太子完继位为楚考烈王。黄歇被任命为令尹，又封为春申君，赐淮北地十二县，其中包括了他的老家申国故地。公元前241年，这位战国时期著名的四君子之一春申君向楚考烈王进谏：淮北地靠近齐国，形势紧急，把赐他的淮北封地划为郡来治理，愿请封江东。楚考烈王应允了。

这样，春申君黄歇就封于江东吴国（今苏州地区）。他来到江东后，为发展农业，使苏州等城邑免受水患，开始兴修水利，主持疏浚东江、娄江、吴淞江等"三江"，开浚黄歇浦（黄浦江），惠泽于民。时至今日，在今江苏苏州到上海一带到处都有春申君足迹印痕和"申"的符号。在无锡，春申君饮马的山涧，称之为"春申涧"；在江阴，有港称之为"申港"；被称

「程十发题写的祠名匾额」

之上海母亲河的黄浦江别名"申江"，皆是源自春申君。上海简称"申"、上海市又称"申城"，在上海还有很多与春申君有关的地名和事件，如上海市的"春申路"、"春申桥"、"春申塘"以及松江区新桥镇的"春申村"等。相传春申君最早"治水入江，导流入海"，至今春申村还流传着"黄歇率众开河"的传说。松江区政府投资兴建的"春申君祠堂"已落成，祠堂西面为大型铜雕照壁"上海之根"；浮雕两端的纪念碑上，雕刻着松江区在纪念松江置县1250年时献给黄歇的颂诗："春申治水，黄浦滔滔"。2002年，上海申办世博会成功的欢庆晚会上，演员们高唱的第一首歌，便是《告慰春申君》。春申君的卓越功绩，当然可堪此颂。

「"春申君祠"前巨大的铜照壁"上海之根"」

彭 国

彭氏一族源于黄帝。《世本》记载："彭祖，姓彭，名铿，帝颛顼之玄孙，陆终氏之三子，轩辕黄帝之八代孙。"司马迁《史记·五帝本纪·索隐》里说："彭祖即陆终氏之第三子，篯铿之后，后为大彭，亦称彭祖。彭祖自尧时举用，历夏、殷，封于大彭。"颛顼死后，由他的侄子高辛氏继承帝位，被称为帝喾。帝喾任命重黎为祝融，即火正，居住在郑，今陕西省华县。重黎是吴回的兄长，吴回是彭祖的祖父。后来，有一个叫共工氏的部落造反，帝喾命令重黎率兵去平叛，由于重黎打了败仗，帝喾一怒之下杀了重黎，命其弟吴回继承祝融的职位。吴回生陆终，陆终娶妻鬼方氏女嬇氏，生篯铿，后世人尊称为彭祖。

「从左至右：隶书——小篆——金文——甲骨文——骨刻文——骨刻原图」

彭国，又称为大彭国，是夏朝初年分封的一个古代方国。大彭国在历史上的存在可以从河南安阳殷墟甲骨文中得到证实。罗振玉在《殷墟书契·前编》里收录了一片甲骨，卜辞曰："辛丑卜，亘，贞乎取彭？"意思是商王武丁在辛丑这一天占卜，问一个叫"亘"的人，攻打大彭国是否能够成功。

那么彭国的具体位置在哪里呢？目前我们所知道的有以下五个地方，我们分别了解一下。

（一）江苏彭城

也称作徐州大彭国。明万历五年《徐州志》记载："本大彭氏所封，是为彭城，有谓大彭山下，故名者，然不知山因封得名，非以山而名其封也。"有史料记载:"大彭氏封于此,故文,山左右今犹称大彭村。"《读史方舆纪要》又载:"徐州之城,古大彭氏国也。"据专家考证,该彭国在今江苏省徐州市铜山区。

近年来,徐州一带也发掘了许多古代的遗址,综合各方面材料,专家们认为,大彭国曾在这里存在过,而且该地很可能是大彭国的发源地,大彭国的始祖彭祖就是在这片土地上治理国家的。

彭祖曾经与夏禹、皋陶、殷契、弃、倕、龙等被称为舜时期的二十二名臣。后世留下了诸多关于他的的传说。他的母亲名为女嬇氏,为鬼方人,鬼方是位于华夏民族西部、北部的少数民族,经常入侵中原。陆终游历时与女嬇氏结合,传说中女嬇氏三年没有生育,陆终便撒手人寰,女嬇氏后又难产,打开两肋后,生下六个孩子,自己产后因身体巨大创伤也离开了人世。不久以后,鬼方发生了犬戎之乱,彭祖流离西域,受尽磨难,生活异常艰难,在战乱中被犬戎部落俘虏到西域当了奴隶,忍受百般欺凌。但是他并未被这诸多困难吓倒,而是在艰苦的条件下努力学习,利用空闲时间拜师学艺,搜集民间的种种技艺,特别是各种养生之道,在此基础上,认真整理养生之术。若干年以后,他来到

「彭祖井」

了大彭山下,开始传授养生之道,救助劳苦民众。据传说,彭祖正是在尧身体不适时进献了一碗味道鲜美的野鸡汤,使尧身体康复,于是尧就把"彭"这个地方赐给他了。因此,彭祖也被烹饪业奉为祖师爷。

彭祖在位期间,采取了很多强国措施。为了治理好这片土地,可谓呕心沥血。结合有关史料记载,归纳起来主要有以下四个方面:一是修筑城池,发展商贸;二是挖井取水,减少疾病发生;三是练武强兵,保国卫民;四是

「大彭国祭祀遗址」

中游之国

治水垦田，发展农桑。彭祖精于治国，善于用人，在国家发展到一定程度时，开始放手政务，同时也为了更好地修炼养生之术，便把国政交给了子孙和臣下，他则周游各地。

彭国在夏朝时是实力较为强大的属国。据《逸周书》《竹书纪年》等文献记载：在夏启十一年时，启的诸多儿子争夺权力，夏启把小儿子武观放逐到西河（今河南安阳）。十五年，武观叛乱，夏王命令彭伯寿率军队进行讨伐。彭伯寿制服了武观，为巩固夏的统治作出了贡献。由此可见，当时彭国应该是夏朝实力较强且和夏朝关系较密切的方国。

「徐州彭祖园的彭祖雕像」

商朝建立后，大彭国成为商王朝的一个方国。大约在公元前1549年，东夷部落邳、侁叛乱，大彭国和豕韦国受商王之命征伐，最终成功地平定了叛乱，开拓了殷商的东方领土。与此同时，大彭国势力的进一步增强，也引起了商王朝的担忧。大约在公元前1301年，趁商王朝内部腐败混乱，大彭国和同为姬姓后裔的豕韦国便借机脱离商王的管辖，宣布独立，不再向商朝称臣纳贡。而商朝传至武丁时，国力达到全盛，开始东征西讨。武丁首先征讨了西北的少数民族部落，后又开始废除不服从王室的诸侯属国，当时势力强大而又不称臣纳贡的大彭国和豕韦国成为武丁主要的进攻对象。《国语·郑语》记载："大彭、豕韦为商所灭矣。"这样，大彭国、豕韦先后灭亡。

大彭国被灭后，其后代便以国为姓，为彭姓之源。到了周朝时期，彭氏有一个子孙在周王朝中担任掌管钱粮的官员，后以"钱"为姓，成为彭氏的姓氏分支，所以后世有"钱彭一家"之称，当然这是后话了。虽然国家被灭，但是部族仍在，彭人开始从徐州迁往各地，仍以彭为国号，等待着机会，重新建立国家。《风俗通义》卷一载："及殷之衰也，大彭氏、豕韦氏复续其绪，所谓王道废而霸业兴者也。"

(二)四川阆中

彭城之名早在县志中就有出现，《阆中县志》云："彭城铺在县南二十五里。"彭池之名见于《文纬书谶》："巴西郡治，有彭池大泽。"《汉书·地理志》中"彭道将池"的名字在文献中也有记载，《阆中县志》记载："南池在高祖旁，东西四里，南北八里，彭道将池在县南十五里，今之七里坝也。"由此可知，彭城这一地名在历史上确实是存在的，我们认为这是灭亡后的彭国一支迁移到了此地。

公元前1046年，周武王组织联军发动了我国历史上著名的武王伐纣之战。这场战争推翻了商王朝。据记载，彭国参与了周武王伐商，是"牧野八师"之一。那么这个时候的彭国究竟是哪个彭国呢？据专家考证，此时的彭国当为四川阆中彭国。

伐纣之彭在史书中最早出现是在《尚书·牧誓》："时甲子昧爽，王朝至于商郊牧野，乃誓。王左杖黄钺，右秉白旄以麾，曰：'逖矣，西土之人！'王曰：'嗟！我友邦冢君御事，司徒、司邓、司空、亚旅、师氏，千夫长、百夫长，及庸、蜀、羌、髳、微、卢、彭、濮人。称尔戈，比尔干，立尔矛，予其誓！'"这里明确记载了彭国参加了牧誓，而且是位于西土。而阆中彭城位于周的西南方，与所记载的方位相符合。另外，据《华阳国志》记载："周武王伐纣，实得巴蜀之师，著乎《尚书》。巴师勇锐，歌舞以凌殷人，前徒倒戈，故世称之曰：'武王伐纣，前歌后舞也。'"这里没有记载牧誓八师，而是用巴蜀之师，说明八国应该多属于广义的巴蜀地区。

《阆中县志》云："阆中人范目，有恩信方略，知帝必定天下，说帝为募发賨民，要与共定秦。秦地既定，封目为长安建章乡侯，帝将讨关东，賨民皆思归，帝嘉其功，遂听还巴。"在战场上，范目军使用了巴师伐纣时的"武王伐纣之歌"。范目为阆中人，此歌来自于其参与牧誓的先祖，可知当时伐纣之彭国在四川阆中。

1979年彭城镇地下文物的发现更是一个有力的证据。1979年3—5月，重庆博物馆与南充地区文化局组成"嘉陵江南充地区河段考古调查队"，在彭城公社一大队二小队发现战国至汉代遗址一处。这个遗址在嘉陵江右岸台地上，距江面50米。台地高10米左右。遗址长约一公里，宽约一百米，文化层厚约五十厘米，上距地表五十厘米。在遗址上采集到数件盆、罐、陶片。这个遗址从面积上看在古代可能是城镇遗址。直到1981年，嘉陵江发生百年不遇的特大洪水，大水淹到了阆中华光楼城门，掀开了彭城遗址神秘的面纱。大水过后，一个农民在彭城遗址捡到了一个"锁扣"。经专家鉴定，此"锁扣"为虎纹铜钺，是皇家的礼器，为商代遗物。既然称之为彭城，再加上年代符合，那么很可能是彭国都城遗址。

「阆中彭城遗址出土的"虎纹铜钺锁扣"」

（三）甘肃庆阳

据西汉著名的经学家孔安国对《尚书》的考证，在长安西北部的泾渭流域，也就是现在的甘肃省庆阳市，曾出现过两个关系密切的国家——卢国和彭国。这也就是《尚书·牧誓》中的卢国、彭国。卢国、彭国在周代渐渐融合为一族，被称之为"彭卢戎"，是太原地区（古地名，范围包括甘肃庆阳和宁夏南部）五戎（义渠戎、郁郅戎、乌氏戎、朐衍戎、彭卢戎）之一，这里也有很大可能是彭国的建立地。

（四）湖北房县

据众多历史文献记载，湖北房县曾经是彭国的域地，并曾在房县短暂立国。大致时间上限应该是商朝武丁灭徐州大彭国之后，其下限应该是西周建立后不久。

荆楚之地的彭国借助于当地优越的自然条件，在当地扎根，使自己的势力不断强大。同时，邻国楚国也逐渐强大起来。楚文王时期，楚国不断对外侵略，扩张领土，这个时候长江汉水流域的几个小国岌岌可危，终于在公元前700年左右，楚国在"伐绞之役"中，"楚师分涉于彭"。在史料记载中，没有灭彭的具体记录，只有"涉彭"的记载。这也可能是楚王看在与彭氏同宗的情分上，用比较和平的办法兼并了彭国。此后随着楚国的扩张，彭人也迁移到了全国其他地方。

(五)四川眉山市彭山区

这是彭人在巴蜀地区建立的另一个彭国。《水经注·江水》《华阳国志》都提到今四川眉山市彭山区有彭祖墓，原因是"周末（指东周末年）彭祖家于此而亡"。这说明在四川眉山市彭山区建立起来的彭国，直到东周末年才灭亡。

综合上述分析，我们大致可以推测一下大彭国灭亡后，彭人的迁徙路线：大彭国灭亡以后，部分彭人和亲族四处逃难，有迁往巴山嘉陵江中上游流域，在四川阆中以及眉山市彭山区建立的彭国。有到达今甘肃庆阳市固城彭原的地方。这里当时还是一块未开发的地方，彭人把它称为"彭原"。随着力量的集聚和物资的丰富，彭人在这里建立了新的彭国。还有到达江汉平原汉水流域湖北房县的。总之，彭氏继承了先人的遗志，艰苦奋斗，生生不息，迁到了很多地方，建立了彭国。

「四川眉山市彭山区彭祖山」

彭氏在发展过程中留存了许多的文化，包括彭氏始祖文化、彭氏源流文化、彭氏习俗文化等，其中尤以彭氏始祖文化中的养生文化对后世影响深远。孔子在《论语·述而》篇中曰："述而不作，信而好古，窃比于我老彭。"孔子距离彭祖的年代相对较近，而且本身博览群书，但还是私底下偷偷自比为彭祖，可见彭祖在当时影响之深。战国时期，吕不韦在《吕氏春秋·离俗览》中提到："使民无欲，上虽贤，犹不能用。夫无欲者，其视为天子也，与为舆隶同……天子至贵也，天下至富也，彭祖至寿也。"把"彭祖至寿"与"天子至贵"、

「四川彭祖山的养生殿」

"天下至富"相提并论。战国时期的思想家《荀子·修身》篇中曾言:"扁善之度——以治气养生,则后彭祖;以修身自名,则配尧禹。"这些都肯定了彭祖在养生方面的贡献。

随着彭族的四处迁徙,彭氏后人遍布全国各地,在各地保存着许多的彭氏宗祠和建筑,传承着彭氏文化,昭示着彭氏家族的繁衍不息,下面通过湖北房县彭家祠和广东揭阳彭园来了解一下。

一直到清朝时期,湖北房县的彭家还是当地的名门望族,房县彭家祠位于房县门古镇彭家湾村,建于清光绪年间。据碑文记载,彭世宗进京赶考被封为府案,彭和忠考中县案,彭氏家族要建祠荣宗耀祖,得到光绪皇帝恩准,将拟建的"彭宗祠"定为"圣宗祠",由光绪帝御笔亲书,是房县仅存的一家称"圣"的祠堂。

彭园,坐落于今广东揭阳市榕城区厚洋村,是一座闻名粤东的私家园林,是彭氏入粤始祖彭延年所建。彭延年(公元1009—1095年),字舜章,号震峰,原籍江西庐陵(今吉安市)。历任福州推官、大理寺评事、大理寺副卿、知潮州军事、大理寺正卿。宋熙宁九年(公元1076年)因反对王安石变法,被贬为潮州知府,数年

「湖北房县圣宗祠」

后复官。但他对潮州已有感情,也不愿再在官场中勾心斗角,于是辞官隐居于今揭阳厚洋村,建祠堂,筑园林,安享晚年,之后子孙昌盛,绵延不息,成为了彭氏入粤开基祖。彭园初创于宋元丰七年(公元1084年),位于南河南岸,彭园有四望楼、药圃等。据地方史志和彭氏谱牒载,彭园"轩有东堂,左竹右松,负面泽,有书在架,有鹤在庭,命车载酒,社友聚应于德星,牧唱渔歌,忘返适情于伏腊。"近年来当地又重新修补了彭园。

「彭延年公祠」

鄂国

关于鄂国,由于前后几经变化,地域涉及很广,我们分几个问题来说。

(一)鄂国之源

鄂,也叫噩、咢、鄂,最早见于甲骨文、金文中的字为"噩",后来又出现了"鄂"字,与"噩"互通。容庚在《金文编》中把"噩"释为"咢"(咢),"咢"字加上"邑"字就慢慢演化成了现在的"鄂"字,作为国家称时,在典籍中通常称为"鄂国"。

「西周早期金文中"噩"字的写法」

「西周中晚期金文中"噩"字的写法」

「《鄂君启节》中的"鄂"字」

「《包山楚简》中的"鄂"字」 「金文、小篆、楷体」

关于鄂国的由来,最早可以追溯到上古时代,应该与鳄鱼有关。鳄鱼广泛分布于黄河中下游及长江流域,当时这些地方都属于亚热带气候,气候温暖湿润,雨量充沛,河网密布,适合鳄鱼的生长。据著名学者何光岳先生考证:鳄也叫鼍,鳄鱼全身是宝,先秦时期,鳄皮可以作战争用的鼓,鳄肉可以用来食用,因此鳄的需求甚大,进而出现了一个专门以捕鳄为生,且以鳄为图腾的部落,后来发展壮大,建立了方国。

那么"鄂"有据可考最早的地望在哪里呢?《史记索隐》说:"晋初封于唐,故称晋唐叔虞也。且唐本尧后,封在夏墟,而都于鄂。鄂今在大夏是也。"唐地最早为尧的封地,建都于鄂,他的子孙世代生活在鄂这个地方。周成王时,分封他的弟弟叔虞于鄂地,把国名改为了晋。《世本》里也说:"唐虞侯居鄂。"《括地志》里说:"故鄂城在慈州昌宁县东二里。"

《大清一统志》里说："鄂城在清乡宁县南一里。"《山西通志》中关于乡宁历史沿革部分的第一句话即是："古大夏地。周初曰鄂，唐叔始封居此。"由此可知，这里的"鄂"指的便是今山西乡宁县一带。

至迟在商朝后期，鄂国便是一个重要的方国了，鄂国国君已经称作"鄂侯"。商纣王时，据《史记·殷本纪》所载："以西伯昌、九侯、鄂侯为三公。"鄂侯居"三公"之一。《战国策·赵策》记载了此位鄂侯的结局："鬼侯有子而好，故入之于纣，纣以为恶，醢鬼侯；鄂侯争之急，辨之疾，故脯侯。"鬼侯也就是九侯有个漂亮的女儿，献给了纣王，纣王却不喜欢，把九侯剁成了肉酱，鄂侯为此急于向纣王争辩，未曾想到被暴虐的纣王做成了肉干，可见伴君如伴

「山西乡宁县明珠广场的鄂侯雕塑」

虎，况且还是商纣王这样的一个暴君。

早期鄂国的地望，除了乡宁外，河南沁阳也是一个很重要的地点，刘起釪在《古史续辨》中说："今山西临汾以西的乡宁县南有鄂侯故垒，或即鄂国原来的居址，后来鄂又迁至沁阳。"

裴骃在《史记集解》里有两种说法：鄂一作"邢"，一作"刑"，据现代学者徐少华先生考证：这两种说法都有误，"邢"和"刑"这两个国家在商周时代都存在，且"邢"同"盂"，是有别于鄂国的。但是考察殷墟甲骨卜辞有关的记载：商王经常在鄂田猎，鄂与盂相距极近，常常两地并举，盂在今河南沁阳西北，我们由此可推测出鄂亦位于今河南沁阳市。

后来武王伐纣，灭了殷商，关于此时鄂国的结局史书中记载不详，很显然鄂国应该归属于了周朝。由于鄂国为姞姓，是黄帝的后裔，受到周王室的分封也是当然的。

「山西乡宁县发现的鄂侯故垒」

（二）随州之鄂

前面我们已经说过，西周时期，成王把其弟叔虞封于最早的鄂地山西乡宁县，后来鄂地这一称呼便不复存在了，改为了晋，河南沁阳的鄂或许在商纣王杀害鄂侯时就被取消了，其地被纣王收回。后来周武王灭了商之后，其地归属了同是姬姓王室的邢国。由于是黄帝后裔，周王室要对其后裔进行分封，就把鄂人迁到了别处，另行分封，我们认为其分封之地便是今湖北随州市。

关于随州之鄂，传统的文献资料我们无法找到记载，但是随着考古发现的日益增多，一个在随州地区西周早期的鄂国开始慢慢浮出水面。

1975年，在随州安居羊子山农田建设中，发现青铜器4件，其中鼎、簋、爵、尊各1件。羊子山西距安居镇1公里，东距随州市20公里。尊底部有铭文两行八字："噩（鄂）侯弟晋季乍（作）旅彝"。簋、尊的时代属西周早期，安居属于鄂国的疆域范围。

1980年，随州市博物馆在羊子山发掘一座墓葬，出土青铜器鼎、簋、爵、尊、觯、卣、戈、兽面、铜泡等共18件，时代为西周早期。

2007年，由于犯罪分子的盗墓，经考古工作者抢救性发掘，羊子山4号墓出土了27件西周青铜器，"鄂侯提梁卣"（盖内）、"鄂侯罍"（盖内）、"鄂侯盘"（盘底）有铭文。"鄂侯提梁卣"盖内有铭文两行5字"噩侯乍旅彝"。"鄂侯方罍"盖内有铭文一行7字"噩侯乍厥宝尊彝"。"鄂中方盖鼎"盖内有铭文两行6字："噩中乍宝尊彝"。从这些铜器铭文判断，4号墓墓主人应该是鄂侯。

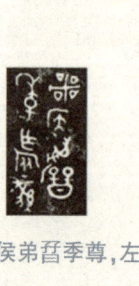

「噩侯弟晋季尊，左下小图为器物上所刻铭文」

「鄂侯提梁卣，湖北随州羊子山出土」

李学勤先生在其《由新见青铜器看西周早期的鄂、曾、楚》《论周初的鄂国》等论述中认为，这些青铜器与上海博物馆所藏有"鄂叔"、"鄂侯弟"、"鄂季"铭文的青铜器，都是西周初期器物，可能属于周成王时期，当地为西周初年鄂国公室墓地显然可见。这也证明了今湖北随州市便是西周初年鄂国所在地。

在随后不久的周昭王时期，昭王伐楚南巡是西周早期的大事。《左传·僖公四年》《吕氏春秋》《史记·周本纪》等皆有记载。从一系列昭王伐楚南巡时期的青铜器铭文中，可以看到曾国和鄂国占有重要的地位，两国相邻。据专家分析，羊子山4号墓出土的多件神面纹青铜器，与其他鄂国青铜器一样具有若干个性特征；它们应是鄂国独立生产的青铜器。这一现象反映了西周诸侯国较为独立的政治、经济地位。

西周中期，随着周王朝日益衰落，鄂国趁机向外扩张，成为汉东大国，与汉西的楚国形成两强对峙的格局，在汉淮流域举足轻重，受到周王室的重视。据西周中晚期之际的金文"鄂侯簋"中所载，周、鄂之间也存在着姻亲关系，鄂侯曾嫁女于周天子。

「噩侯驭方鼎」

西周前期，鄂国的君主具有侯的爵称，其地位在一定的时期内比楚国君主要高。周厉王初年，鄂侯驭方还受到过厉王的赏赐。据"噩侯驭方鼎"铭文记载得知：周王南征角夷，自征地返回到祛的地方，鄂侯驭方献礼并宴享周王，又陪同周王行射礼。周王亲自赏赐给鄂侯玉、马、矢。驭方拜谢周王，并作此宝鼎，留给子孙后代。从这篇铭文我们分析，当时鄂国与西周王室的关系是很好的，并与周王室保持着宗主关系。因而在周王征伐角夷的返回途中，鄂侯驭方亲往祛地恭候迎接，献礼设宴。周王显然也很重视鄂国，因而亲赐驭方财物、弓矢、马匹。鄂侯

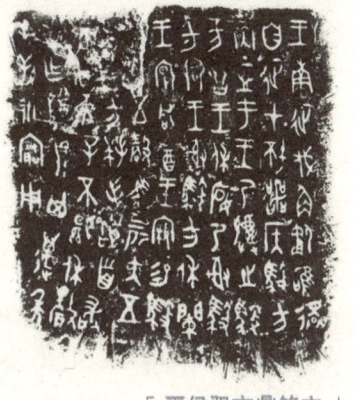

「噩侯驭方鼎铭文」

「禹鼎」

「禹鼎铭文」

驭方也以此为荣，作器以志纪念。

然而，好景不长，随着周王朝式微，鄂侯驭方有着很大的野心，意欲发展壮大，开始反周。1942年，陕西扶风出土的青铜器"禹鼎"铭文记载："噩侯驭方率南淮夷、东夷，广伐南国、东国，至于历内。"在周厉王晚年，约公元前840年前，鄂侯驭方开始反叛，他不仅动员了本国力量，而且率领南淮夷、东夷，从东、南两个方向向周的南国、东国进攻，并一度取得胜利，抵达了"历内"。鄂侯向周王室发动的这场声势浩大的反叛活动引起了周王室朝野的恐慌，因而铭文出现了"呜呼哀哉！用天降大丧于下国"的惊叹。厉王不得不动用他的精锐部队西六师与殷八师前往征讨。这场战争打得相当艰苦，周人虽然派大军压境，却未能很快获胜，故后来又命令武公派遣禹率百乘之师前往督军助战。"禹鼎"铭文中两次强调了周王关于"扑伐噩侯驭方，勿遗寿幼"的命令，足见周王对鄂侯驭方与南淮夷、东夷发动的这次叛乱是决意要予以讨平的。这次战争最终以俘获鄂侯驭方而结束。这一结果，对周王朝来说，不仅打退了这次大规模进犯，也铲除了它在南方的一个心腹大患；对鄂国来说，因周王下令"勿遗寿幼"，鄂国从此灭亡。此后，鄂国不再出现于史籍。

（三）南阳之鄂

前面我们说到，从"禹鼎"里看，周厉王征伐并灭亡了鄂国，从他的"勿遗寿幼"政策以及史籍里再也看不到有关于鄂国的记载这个事实。我们可以认为，本来关于鄂国的这场大戏就要落下帷幕，鄂国就要永远湮没于历史的尘埃之中了，但是直到河南南阳夏饷铺鄂国贵族墓地遗址的发现，证明了我们的认识是错误的。

2012年4月15日，南水北调工程文物巡护员范学强沿渠道步行巡查，走到夏饷铺段，他意外发现挖掘机翻出的泥土中有青膏泥和木板。范学强

「南水北调干渠夏饷铺段，鄂国贵族墓地发现地」

立即走下渠道查看，果然是青膏泥！这是一种非常细腻的泥土，主要成分是二氧化硅、三氧化二铁以及钙、镁、钠、钾等氧化物，黏性大，分子紧密，有很强的防腐效果，古墓中常用来保护棺椁。范学强当即打电话向上级进行了汇报。经各方面的协商，工程队暂停施工。4月17日，南阳文物考古研究所正式进入现场开始抢救性发掘。

已遭破坏的墓被定名为1号墓，清理时发现很多青铜器残片，令人痛惜不已。尽管如此，还是有很大的发现。这是一个竖穴土坑墓，距地表10余米深，有大型木质棺椁，椁外有大量的青膏泥，厚约1米，十分罕见。从墓内填土和挖出的土堆上清理、拣选出一批青铜器、玉器、漆木器，很精美，但破坏严重，有的青铜器仅剩残片。整理后，考古队发现有7件青铜鼎形制一样，纹饰相同，应为一套列鼎。按照规制，天子九鼎，诸侯七鼎，墓主人应是位诸侯，在7件列鼎中，6件有"鄂侯夫人"铭文。

既然有"鄂侯夫人"，那么鄂侯墓在哪儿？考古队在1号墓周围渠道内勘探，又发现古墓葬19座，陪葬坑1座。这20座墓葬，在渠道内分为南、中、北三排，均为竖穴土坑墓，墓向为南北向。6号墓出土一套6件铜编钟上有"鄂侯"铭文；5号墓出土2件铜簋、2件铜鬲上有"鄂姜"铭文；16号墓出土铜鼎上有"鄂伯"铭文；19号墓出土铜簋、铜匜上有"鄂侯"铭文；20号墓出土铜簋上有"鄂姜"铭文。专家初步推断，5号墓和6号墓、7号墓和16号墓、19号墓和20号墓均为异穴夫妻合葬墓。

在这清理出的20座墓葬里，出土青铜器100多件，还有玉器、漆木器等重要的文物，其中有38件刻铭文，最长的铭文20多字，为解读西周晚期到春秋早期鄂国历史提供了重要实物和文字资料。据专家介绍，通过铭文

「夏饷铺1号墓出土的铜方壶盖」

可知，至少有四代鄂侯埋葬在南阳地区，一桩历史悬案由此揭开。

从鄂国出土的青铜器等珍贵文物中，我们可以形成这样的认识：西周中晚期以后，周厉王的"勿遗寿幼"政策并未把鄂国赶尽杀绝，鄂国不仅未消亡，而且在南阳地区继续存在，直到春秋早期，也被称为"西鄂"。但事情还有不太明确的是，鄂国为什么后来要从随州迁移到南阳呢？或许我们可以作这样的一个推测，周厉王在打败鄂国之后，虽然下了"勿遗寿幼"这样的一道残酷的命令，但并不想把鄂国和族类赶尽杀绝，这样可以让其感恩戴德，感谢周王恩泽浩荡。还有一个很重要的原因，他想把鄂国束缚在他的势力范围之内，让其像申国一样，摒卫南国的国土，可以说一举多得，因此把鄂国从随州迁到了南阳。

「南阳鄂国墓葬中出土的编钟"噩侯作"」

(四)鄂州、大冶之鄂

大约在西周中期，随着周王室的逐渐衰微，被驱赶于江淮流域的诸氏族或诸侯小国屡屡内犯中原，强大起来的江汉流域的楚国趁机向北扩张，陆续吞并近邻小国。周夷王时，楚国国君熊渠"甚得江汉间民和，乃兴兵伐庸、扬越，至于鄂"，熊渠说："我蛮夷也，不与中国之号谥。"他自认为"蛮夷"，不接受周王朝的封号，想自立门户，接着便分封了他的三个儿子，封其中子红为鄂王。

关于熊渠所伐之鄂，并封其子的鄂地，历代以来，众说纷纭，莫衷一是，主要为西鄂南阳说和东鄂鄂州说。前面我们介绍过随州之鄂，根据随州出土的鄂国金文来看，这里的鄂无疑是指在汉东扩张的随州鄂国。熊渠伐鄂的时间在周夷王之时，随州之鄂被灭亡的时间在周厉王之时，那么楚国所伐之鄂肯定是随州之鄂，东鄂说和西鄂说都不正确。中子红的鄂王封地开始也当在随州之鄂附近。

我们从《史记·楚世家》所述"及周厉王之时，暴虐，熊渠畏其伐楚，亦去其王"中可以得知：关于中子红的鄂王称号，由于周夷王之子周厉王的暴虐，加上楚国的实力有限，担心厉王进攻楚国，熊渠遂取消了所封王

中游之国

的称号。后来周厉王灭了随州鄂国，曾国占有了原鄂国地方。或许是出于对曾国的忌惮，楚国只好向东扩张。到了春秋早期，随着楚国实力的日益强大，灭了南阳的鄂国，把鄂国迁到了今湖北鄂州、大冶一带，建立了鄂王城，称作"东鄂"。

到了战国中期，楚怀王曾封鄂君启于鄂。1957年安徽寿县出土了"鄂君启金节"。"节"是指水陆交通运输凭证，相当于现在的交通运输通行证。该节是楚怀王六年（公元前323年）颁发给楚国大贵族启的。据黄盛璋先生考证："鄂君封地之鄂只能是东鄂，可无庸疑。"鄂君的地位很重要，其封地正是铜矿富集地带，铜矿是当时最重要的战略物资，可以用来制造武器和货币等。由此我们推测，鄂君可能替楚王掌控着铜矿的开采冶炼大权，鄂君就是与楚国工商业具有密切联系的封君，楚怀王下令给鄂君启铸造免税金节，正是鄂君启在工商业方面地位很高的表现。

「鄂君启金节」

谷 国

"谷"字在上古时期有多种意思。如两山之间的夹道，"进退维谷"中的"谷"可理解为困境，还有作为姓氏的，后来慢慢才有了粮食的意义。而"穀"，除了粮食作物总称外，还有俸禄、养育、姓氏、活着、善好等意思。在表示粮食的含义上，"谷"和"穀"字可以相通，但二者确实是不同的字。现代汉语中把"谷"字仅仅作为"穀"的简化字，从某种意义上而言，有其不合理之处。

从"穀"字的字形我们看出，该字的左下方是一个"禾"字，代表着庄稼或者农作物，《说文解字》里说："穀，续也，百谷之总名。"谷衍奎的《汉字源流字典》里也说："穀，形声兼会意字。篆文从禾，从殼，会带壳的禾谷之意。本义为庄稼粮食的总称。"在农业占主导地位的上古社会，先人们使用此字作为地名也就不足为奇了，因此上古时期有很多地方称作"谷"的。如春秋时，宋有"谷丘"，齐有"谷"，鲁有"小谷"，在今山东境内；周王畿内有"谷城"，在今河南境内。《春秋·庄公七年》载："夫人姜氏会齐侯于谷。"江永《春秋地理考实》说："此谷即齐桓公封管仲邑。东汉分东阿置谷城县，今为泰安府东阿县治。《姓氏书》谓谷为姬姓国，齐灭之。"

上述所说的"谷"，仅为地名而已，不能算作完整意义上的国家，当然不是本文所要讲述的重点。除以上地方外，在汉水之滨确已存有一个谷国，与上述"谷"同名，往往易被混淆。下面我们试着从有限的史料中去考察谷国的情况。

《春秋·桓公七年》载："谷伯绥来朝，邓侯吾离来朝。"谷国国君绥来和邓侯吾离一起，前往鲁国访问建交。从这里可以看出，谷国确已存在，从《春秋》里记载其国君的爵名，可知谷国是周王室分封的封国，国君为伯爵。

那么谷国的族姓是什么呢？

唐代孔颖达说："不知何姓。"郑樵的《通志·氏族略》与罗泌《路史》都以嬴姓为其姓氏，为春秋谷伯绥之后裔，与赵、秦同一个源流，也与前面我们说到的申国同源，先祖为黄帝的后裔伯益。伯益在舜当政的时候，为掌管四时山岳的官职，因助禹治水，立下大功，被赐姓为嬴。武王灭商后，开始分封王室、功臣、先代贵族等，谷国国君作为黄帝后裔，当然在受封之列。西周时期，谷国国君被封在谷地，建立了谷国，前面我们也说过，其实谷国国君被周王室初封时爵位为伯爵。

那么这个谷国在哪里呢？

[《说文解字注》中的"谷"]

[《说文解字注》中的"穀"]

晋代杜预为《春秋》作的注里说："谷国在南乡筑阳县北。"《汉书·地理志》南阳郡"筑阳"县下班固原注："故谷伯国。"颜师古注："今襄州有谷城县，在筑水之阳。"又引应劭曰："筑水出汉中房陵，东入沔。"《水经注》中说沔水："又南过谷城东，又南过阴县之

「乾隆《襄阳府志》中谷城县图」

西。""城在谷城山上，《春秋》谷伯绥之邑也。墉闉颓毁，基堑亦存。沔水又东南迳故城西，故下阴也。"宋程公说的《春秋分记》："谷国也，襄阳府谷城县。"《路史》里说："今襄阳谷城西北五里有故谷城，有谷伯庙。"顾栋高在《春秋大事表·列国爵姓及存灭表》中，更具体指出故谷城在"襄阳府谷城县西北七里"。据乾隆时《襄阳府志》："古谷伯城在县北五里谷山下。"以上种种记载表明，此谷国在汉水西岸、筑水（今称南河）北岸的两水交汇之处，也就是今湖北襄阳市谷城县。

上面我们知道了谷国的大致位置，我们可以试着对"谷"地的来源做一个推测：宋《九域志》里载"谷城，因神农氏在此尝植五谷得名"，那么炎帝神农为什么偏偏挑中了这里种植五谷呢？当地还流传着这样的传说，炎帝神农生长在烈山，长大后成为烈山部落的首领，在前往神农架采药时来到了谷城，发现这里东面有汉水，西南有南河，两水之间的冲积平原是天然的五谷生长之地，于是就把自己千辛万苦采集来的谷物种子在此种下，为当地人民生活带来了希望。或许出于对神农氏的感激怀念之情，当地民众便用所种的谷物来命名这块土地。由于谷国地处江汉平原的汉水西岸，自然条件优越，水量充足，为粮食生产提供了得天独厚的条件，故而粮食产量丰富，人们才有可能把"谷"作为其地名，等到谷国国君受封后，便建

「河南沁阳炎帝神农像」

立了谷国。

关于谷国所在的谷城地区，早在新时期时代就有先民们在此繁衍生息。有考古遗迹可以加以证明，据《谷城文物精粹》里介绍说：谷城境内共发现新石器时代遗址12处，主要分布在南河、北河两大支流靠近河岸的台地上。其中，史前时期的遗址以2005年发掘的下新店和水星台遗址最有代表性，遗址中清理出房址、井、壕沟、灰坑等古人类生活遗迹，出土了大量生活用具和生产工具。生活用具主要有陶鼎、盆、罐、豆、圈足碗、杯、盂形器、壶形器、缸、器盖、擂钵、器座等；生产工具有石斧、石凿、彩绘陶纺轮等。据专家分析，遗址的文化内涵主要以长江流域新石器时代晚期石家河文化为主体，为研究谷城地区史前时期文化面貌、社会生产、生活及聚落的发展演变等提供了丰富的实物资料。

「谷城下新店遗址出土的新石器时代的陶杯」

「谷城县出土的新石器时代的陶器组合」

春秋时期，由于楚国的日益强大，谷国作为江汉流域一个蕞尔小国，被灭也是早晚的事。那么谷国是什么时候被楚国所灭的呢？我们试着去探讨一下谷国的灭亡时间。

《春秋·桓公七年》载："谷伯绥来朝，邓侯吾离来朝。"邓、谷两国国土相接交好，两国国君相约访问鲁国。谷之灭，从上面的记载来看，肯定是在鲁桓公七年(公元前705年)以后。但其下限不明，也使人难以妄定。顾栋高在《春秋大事表》中言及谷之存灭，说："桓七年见，后地入于楚。"那么只要从其地入于楚的年代入手，便可以从中看出谷灭于楚的大致时间。

1977年，谷城下新店一处楚墓出土了一批特色鲜明的青铜器，有盘、壶、簠、鼎、簋、盏、敦等。据专家考证：其作器年代当在春秋中期前段，上限可能早到春秋早期。同出的陶器，从形制和纹饰上看，亦应是春秋早中期之际的遗物。既然为楚墓，说明在此之前，楚国已经灭掉了谷国。由此可以推测，谷国被灭在春秋早期或者早中期。具体到年份，另据专家结合楚国的扩张历史进程考证，为公元前676至公元前656年间，楚灭了谷、绞等国，谷国灭亡，随之纳入了楚国版图。

「谷城下新店出土的盘」　　「谷城下新店遗址出土的铜壶」

那么谷国被楚国灭亡，并入楚国之后，谷地在楚的地位是怎样的呢？由于无史料记载，我们只能试着从出土文物中去寻找一点蛛丝马迹。

2009年6月上旬，谷城县冷集镇尖角村村民发现村里有一处古墓葬有被盗掘的痕迹，谷城县公安局接到报警后，迅速成立专案组，在襄阳市刑侦部门的指导下成功侦破此案。此次共进行了两次文物追缴工作，共追回文物71件，以战国时期的青铜器、玉器为主，这些文物成为研究楚国历史发展的宝贵资料。其中铜鼎、壶、豆、编钟、小罐、戈、马衔、玉璧、璜、佩等大部分文物应出自一座大型战国楚墓。

下面我们试着对其中几件器物进行简单的了解。"危子曾"铜壶，腹部铸有铭文"危子曾自作铸壶"。此壶的出土证实楚国曾经有一支"危"氏贵族，填补了史料记载的空白；勾连卷云纹铜壶，运用了错金属丝及镶嵌工艺，器物云纹舒展，纹饰细腻，凹凸有致，花纹凹陷处金属丝、红铜、孔雀石仍清晰可见，整器显得雍容华贵，层次分明，蕴藉沉厚，堪称稀世珍宝；还有青铜钮

「"危子曾自作铸壶"」

「青铜钮钟(部分)」

钟，器钮、舞部、器身满饰云雷纹、鼓部饰蟠螭纹、枚上饰涡纹，11件大小相次，构成完整的一组。

通过上面其中几件精美的出土文物分析，我们可以推测：该墓的级别较高，墓主人很可能是楚王在谷城区域的一个封君，同时也表明楚人对该地的重视程度。有关专家分析，之所以此地能如此受重视，大概是谷城离楚人祖居丹阳地不远的缘故。

曾 国

在现今湖北的随枣平原上很久以前存在一个曾国，它在春秋时期还不时出现，后来亡于楚国。随着历史的久远，它的前世今生后人都弄不清楚了。当今天的人们想一探究竟时，发现曾国之谜越来越多。

曾国最早出现在什么时候？

从部族而言，曾国是姒（sì）姓，他的祖先是传说中民族治水英雄大禹，来源很早。直接祖先是夏王少康封其子曲烈于鄫（溱）水，建立鄫国而得姓。此地在今河南省新密市。该国继存于商代，从记录材料上看，至晚在商朝后期的武丁时期甲骨文中还有曾国的记载。这些记载主要包括两项：一个是作为方国名称的曾国，一个是作为人名的"曾"。作为方国的曾国，它和商王朝的关系十分密切，商王不时到曾国去，从事一些政事活动甚至一般的生活交往，也去田猎的记录，每次去前还很隆重，都要进行占卜仪式。作为人名的"曾"，应该是曾国的直系或贵族在王朝担任职务，并且很受重用，他承担着祭祀杀牲、出兵征讨和传达商王命令的责任。这些在甲骨文中的记录，使我们了

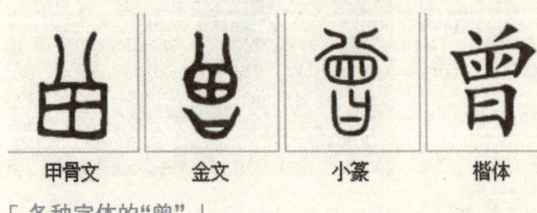

「各种字体的"曾"」 甲骨文　金文　小篆　楷体

中游之国

解了一些关于曾国在商朝的简单情况。

> 曾国的"曾"字,在中国古代的文字中有多种写法,曾、曾、鄫、橧、缯等都是它国名的不同标识。

从古代很多字书解释来看,"曾"这个字本来的意思是"高",表明他们的祖先也和其他先民一样,生活在河边,为了防止洪水浸淹就居住在树上和高阜之地。当"曾"字成为部落和方国的名称之后,那些加了偏旁的字也附加了这个方国的其他意义,比如"缯"表示已经有了丝织业,并且和其他同时期的方国相比,它的丝织业还比较发达,"缯"字是中国古代关于丝织品的总称,就可以说明这一点。而"鄫"说明这个方国也是比较早的有了城邦,以便于加强自己对外防御和对内管理。当然,学术界也有认为"曾"是"甑"的意思,得名于蒸食炊具,"甑"是曾这个部族对中华民族饮食文化的一个贡献。

那么曾国最早在哪里呢?

根据甲骨文、《诗经》等的描述,曾国西边和羌人接壤,南边和楚国人相邻,境内有缯关、潧水等方位特征,它应该在现在的河南省方城县以北、新郑以西的豫西北地区。在军事上,曾国既当过商朝南方的屏障,也曾经派出军队配合商王讨伐过南方的"虎方"部落。

当然也有一种说法认为,曾国最早在河南安阳东边的内黄到现在的山东聊城下属的阳谷一带。周灭商之后,曾国遗民分作三支迁徙。第一支越过济水东迁止于沂、泗之间,到了现在山东的枣庄、兰陵一带。子爵诸侯国,于公元前625年被莒国所灭。第二支渡过黄河,迁于汝水、颖水之间,到了现在河南柘城一带。伯爵诸侯国,地处陈、蔡、郑、宋之间,亡于何时不得而知。第三支迁到了南阳盆地,后来和申国、西戎灭亡西周的就是这一支。这三支分别被人们称作"山东(琅琊)曾"、"汝颖曾"、"淮西曾"。然而,主张这一说法的学者同样引用了商朝甲骨文中的材料,我们觉得这种观点就有问题。既然商朝的甲骨文中已经说了这一支曾国人就在这个地方,它就不是周朝初年才迁过来的。我们从上述所说甲骨文等材料中所反映的情况看,曾国迁徙到几个不同地方建都,有可能是在商朝灭夏之后，而在豫西北的这一支是在甲骨文中出现较多的方国。我们尊重不同的观点，引述在上面，以备读者参考。而我们说的曾国，又正好是上面说的第三支，他们在历史上留下的痕迹最多，又是后来迁徙到汉水东部流域的曾国，所以在这里就让我们主要说说这一支曾国的发展历程吧。

到了西周时代，周王朝与南方荆楚的矛盾始终没有停止过。在周成王的时候就有战争，周昭王还曾进行过亲征。现在所知，在周昭王十六年（公元前980年）的亲征中取得了较大的胜利，但在周昭王十九年（公元前977年）的再次亲征中却遭到惨败，并死在了败退途中的汉水。这次战争对周王朝是奇耻大辱，直到春秋时期，齐桓公率领诸侯联军观兵楚国召陵的时候，还以这个历史事件责问楚国。双方总体互有胜负，势均力敌，通过这一系列的战争，楚国的元气也大伤，从此之后双方倒也相安无事。

曾国虽然曾经是商朝的方国，但在周王朝的初年周天子分封的时候，也分封了一些自己家族的姬姓贵族到曾国去统治。在这个过程中，原来的姒姓之国曾国是何时变成了姬姓之国曾国的，一直是个谜团。这也是现代人们探究曾国存在很多不清楚的问题症结所在。这一点先按下不表。

在周天子与楚国的征战中，无疑是有曾国的军队参加作战的。周和楚互有胜负的战争结果之一，是周王朝把边境向南推进了。周王朝让姬姓贵族率领军队在汉水流域以北戍守，并实行管理。随着时间的发展，他们又吸纳了一些当地人，势力发展得越来越大，各占一方土地，从而形成了很多小的方国，被称作"汉阳诸姬"。当然也有一些异姓的小国。位于汉东地区的曾国，就是"汉阳诸姬"之一，它是周、楚相争之后在这块新的土地上发展和壮大起来的。在这个过程中，原来在豫西北的曾人也相继迁徙而来，原因主要是位于汉水流域的自然条件较好，农业经济很发达。另一个可能的原因就是周王朝的鼓励和派遣。从此以后，后世所了解的曾国及其事迹主要就发生在现在湖北的汉水东部流域，这里成了他们的新舞台。

西周时期，中央王朝对"汉阳诸姬"包括曾国的保护主要有两次。一次是周厉王时期，王朝派军队征伐鄂国对"江汉诸姬"的侵犯，战争的结果是生擒了鄂侯，消灭了周朝在江汉平原的劲敌。另一次是其后不久的周宣王时期，宣王亲征讨伐平定淮夷和徐方。这次同样也取得了很大胜利。之后，为了保持胜利的果实，也为了稳定和加强对南方的统治，周宣王分封自己的舅舅申伯为南方各姬姓诸侯国的首领，驻扎在谢（现在的河南南阳），作为统治基地。这个被称为申国的地方，从此成了周王朝统治南方的中心。位于南阳盆地的申国相当于周王朝的派出机构，而位于随枣平原、相对力量比较强大的曾国也就和申国一样，成了周王朝南方的骨干。它们的武装力量构成了周朝倚重的"南国之师"，在宣王时期曾被征调到太原参加讨伐"姜戎"。

让人意想不到的是，作为周王室倚重力量的申国、曾国最终却要了周王室的命。历史就是这样不可思议。

西周王室经过周宣王时期的"宣王中兴"之后，随后的一位周天子就是在后世臭名昭著的周幽王。这时已经到了西周末期。周幽王即位之后宠爱褒姒，一意孤行地废黜了王后、罢黜了太子，从而影响了政治稳定，造成了王室的诸多矛盾。作为最大利益相关者的王舅，不管是废王后还是罢黜太子，都让他不能容忍。切身利益受到伤害的申国联合曾国，又联合西方的犬戎军队，发动叛乱，在骊山之下把周幽王杀死，从而导致了西周王朝的灭亡。在此之后，曾国又和申国、许国等一道在申国的地面上扶立周平王。

关于曾国的信息，除了在北宋的时候汉水东部的随枣平原就有曾国的青铜器出现外，在 20 世纪出现得更多。出土的地区有湖北随州、京山、枣阳、安陆、襄阳和河南新野等，分布地区的广阔正好说明曾国影响力的巨大。就出土青铜器的时间上看，从西周东周之际，直到战国初期。1933 年安徽寿县曾出土"曾姬无卹壶"（又称"曾姬壶"、"无匹壶"），因为这里曾经是楚国最后的国都。这表明曾国的影响直到战国晚期还被楚国保存着。结合文献，并从这些出土文物考察中，大致可以知道曾国疆界范围是，北起现今的河南新野，南到湖北安陆、孝感，西沿汉水一带地区。

1977—1988 年，在湖北随县的擂鼓墩发掘了"曾侯乙"大墓，使人们对曾国的存在及其详情有了更好的了解机会。这个大墓中出土了很多的青铜器、金银器和玉器，其规格之高、品种之全、技艺之精湛，为历来所少见。特别是其中的大型完整编钟的发掘，具有非常重要的意义。这个墓的墓主就是一个叫"乙"的曾国国君，按照通例，国君的墓地应该在国都附近，因此，毫无疑义随州就是曾国的国都。这个墓葬中有一件镈钟，上面的文字表明，这是在曾侯乙去世的时候楚惠王为了祭奠他而专门制作的。这也说明楚国对曾侯去世的重视和两国关系的密切。根据楚惠王在位的时间推断，这个墓的下葬年代不会早于公元前434年。

现在出现个问题，曾国的名称在传世和出土的青铜器中反复出现，但是在东周之后的历史文献的记录上，曾国的名称却几乎绝迹了，活跃在同一块地方的是一个国名叫"随"的国家。这个疑惑一直困扰着今天想了解曾国历史的人们。那么，曾和随是一个国家还是两个国家呢？

根据大部分学者的研究，是一个国家。

学者们认为主要有四个理由。一是从时间上看，曾国和随国在汉东的同一块地域的活动时间上是一致的。二是从地域上看，不管是曾国也好还是随国也好，它们的位置都是南边是楚国、北面临申国，实力上讲唯一能和楚国偶尔抗衡的只有随国。它的周边多是些其他小国，如厉、糜、蓼、郧、贰、轸等，在这些四周小国的范围内只可能是曾国或随国，但这块地域范围内不可能同时存在曾国和随国两个规模稍大的国家。已知随国的都城就是在现在随州的城关，而曾侯乙的墓地也只是在距城关三里远的西北方向。换句话说，曾国和随国的都城是在同一个地方。三是不管是曾国还是随国，都是姬姓国。四是在春秋时期，随着周天子地位的下降，原来主要作为周王室屏障的随国反而和楚国的联系更加密切了，两国的关系时好时坏，这个时期的历史记录没有"曾国"这一名称，只有随国。从上面的理由看，专家们认为，曾国就是随国，随国也就是曾国。

那么曾国为什么又被称作随国的呢？

一个较为科学的解释是，曾国本来是国名，后来迁都到随这个地方，就以地名当作国名了，所以又称作随国。原来在先秦时期，一个国家两个名称的现象还有很多，如商又叫殷、燕又叫匽、楚又叫荆、魏又叫梁、吴又叫邗、吕又叫甫、江又叫邛，比比皆是，它们或用新地名称国名，或以自己最为繁华的城市称国名，或以境内最为重要的山名、水名称国名等，或怀念旧称以不忘旧邦，或改换新名以示革故鼎新，可见曾国又称作随国也就不稀罕了。只是在春秋时期人们更多地称曾国为随国，曾国的名称就几乎不见于文献记载了而已。之所以出现青铜器中仍称作曾国，而文献记载中被称作随国的现象，还有一种可能就是，"曾"是曾国的自称，发掘文物中最晚的青铜器就是上文提到的"曾姬无卹壶",它的确切年代已经被定为公元前344年,这时已经是战国的中期了。可见曾国一直用"曾"来自称自己的国名。而"随"则是他国对其的称谓,有可能略带蔑视之意,就是言其是迁来的国家,是外来户,久而久之,便成了诸国一个历史时期内都习惯的称呼。

历史进入到春秋以后,随着楚国力量的不断强大,向北方中原地区扩张成了必然要求,而周王朝的力量又急剧衰落,本来作为周王室南方屏障的随国,和楚国的交集便多了起来。

楚国在熊通执政的时候力量空前强大,他用武力不断威逼随国,国力相对处于弱势的随国只好臣服楚国,在很多事情上听命于楚国。公元前706年这一年,熊通起了个念头,想过一把"王"的瘾,就煽动并威逼随侯到周天子那里去劝说周天子给他一个"王"的封号。结果没有如愿。而随侯这一趟的游说之行,两头不落好,周王室的人觉得随侯帮外人说话,是变心了。而楚熊通不仅认为随侯游说不尽力,甚至还怀疑他坏了自己的好事。

两年后的公元前704年,急不可待的熊通干脆自己给自己封了王号,对外就叫"楚王"。权欲膨胀了的楚王熊通把随侯第一个拿来祭刀,率领军队在速杞这个地方与随国的军队干了一仗。毫无悬念,随国的军队大败,随侯逃归。从此随国更加衰弱,而楚国益发强大。

对随国而言,倒霉的事接踵而来。公元前690年,这时的周天子已经换成了周庄王,他把随侯召到京师当面训斥,责备他当年劝立楚王的背叛行为,并对随侯予以降爵的处罚。楚王熊通知道随侯进京,认为是对自己的背叛,气不打一处来,就调集大军大举进攻随国。没想到楚王熊通竟然死在军中。虽然如此,楚国也没有停止进攻,大军一直逼近随国都城。随国只好派人求和,表示彻底臣服于楚国,楚国这才班师回朝。从此以后随国基本上就成了楚国的附庸之国。

瘦死的骆驼比马大,随国虽然臣服了楚国,但相比于其他的小国,随国还算是有些影响力的国家。在楚、随的联系更加密切后,随国甚至还参与了楚国国君的废立活动。十几年后,随国帮助过楚成王袭杀其兄长,夺得了王位。楚成王为了报答随国的帮助,在他在位长达46年间的至少前

「吴楚柏举之战作战经过示意图」

30年，没有对随国威逼得太厉害，这样随国便赢得了相对宽松的发展环境。

公元前640年，随国联合汉水东部流域的一些小的诸侯国反叛楚国。这次反叛可以看作是这些小国对南方大国楚国压迫的一次反抗，也可以看作是汉水流域姬姓小国对楚国文化和习俗的不认同。事件的结果是，楚成王调动大军极力镇压，最终平定了这次反叛。随国这次彻底元气大伤，在此后一百多年间的历史记录中再没见随国有什么动静。

随国一脉仍然不绝如缕。它的再次出现是在一百年后的公元前506年。楚国在平定和征服了它周边的小国之后，主要的对手就是北方的晋国和东方的吴国。这一年吴王阖闾在楚国旧臣伍子胥、军事家孙武的辅佐下，率领三万军队采取奇袭的战术，在楚国的边境之地柏举（今湖北麻城，一说在湖北汉川北）歼灭楚国主力20万，然后乘胜追击，一举占领了楚国首都郢，楚国的都城遭到洗劫。这个时候的楚王是楚昭王，眼看抵挡不住，他就带领一部分人先是逃往郧国，没想到郧公的弟弟也要杀他，就吓得赶忙逃到了随国。吴军派出一部分追兵赶到随国要人。由于随国的保护，楚昭王免于被俘。

最后由于秦国的帮助，击退了吴军，楚昭王才得以复位，使楚国这次虽然元气大伤，但免于亡国。这以后秦国的力量比楚国强大得多，楚国感念随国的这次救命之恩，于是随国的地位也得以提高。

一般认为，楚国最后灭掉随国大约是在战国中期。这个证据也是从出土发掘的文物中得出的信息。原来1983年人们在随州擂鼓墩发掘了30座战国时期的小型墓葬，这其中相对较大的13号墓葬所出土的器物显示，这个墓的下葬时间是在战国中期的晚段，它是楚国人的墓葬，它的时间又晚于可以确知是曾国衰落期墓葬的2号墓。在曾国国君墓地的附近出现了楚国的墓地，只能说明这个时候曾国已经不存在了。

曾国在历史上存在多久？我们对它的了解还不是很清楚。略感欣慰的是，随着考古发掘和专家研究成果的不断问世，我们对这个消亡古国的了解还是越来越多。目前已知，曾国有名号或谥号的君主已经有 11 位，墓葬主人名号不清但墓葬规模相当于君主的有两位，按照常规习惯，他们有的是父死子继，有的是兄终弟及，虽然不能按传统的平均 25 年一代人计算，但也可以看出曾国的历史比起其他小国算是较长的。

除了零星的文字记录外，了解曾国的历史现在主要靠散布在湖北汉水之东的随枣走廊的墓葬发掘，面对这些庄重、来自先秦的青铜器，我们知道它们包含着很多没有告诉我们的秘密。

郧 国

郧国之"郧"字，按前人说法，有䢵、妘、云、涢等多种写法。宋代郑樵所著《通志·氏族略》说："䢵氏，亦作妘，亦作郧，又去邑（按："邑"作偏旁简为"阝"）作云。"清道光《安陆县志》说："春秋时䢵子国，䢵一作郧，又作涢，俱读曰云。"清顾栋高《春秋大事年表》说："郧、䢵、涢三字通用。"

郧国在西周时被封为子爵，因此很多古籍中称为"郧子国"，但是郧国存在的历史却很长久，历经尧舜夏商直至春秋时期才被楚国所灭，所灭时间最早约为楚武王四十年（公元前 701 年）。

> 关于郧国之名的含义，学者们以为"䢵"当为其本字。据《左传》记载："昔者黄帝氏以云纪，故为云师而云名。"古人认为，黄帝承天受命，把彩云奉为祥瑞，故以云为名和纪事。这类传说表明，古代社会的人们对大自然云层有着朴素的认识观。著名历史学家翦伯赞在《中国史纲》中说："黄帝之族，恐怕是由几个胞族组成的一个部族，所以其中有属于一个胞族的五个氏族，是以云为图腾……"䢵族是黄帝族的后裔，他们起初是以云为图腾的，母系氏族社会时期，他们在云图腾旁加女字，写作"妘"，作为姓氏。以后进入父系氏族社会和阶级社会，出现了封国，于是去女旁而加邑旁，成为了"䢵"字。

我们知道了郧国之名的来历，那么郧人的先辈们最初生活在哪里呢？原来，妘姓是黄帝族的后裔重黎（又称祝融）之弟吴回之后，祝融氏和吴回是黄帝后世子孙。《史记·楚世家》里说："高阳者（帝颛顼），黄帝之孙，昌意之子也。高阳生称，称生卷章，卷章生重黎。"《世本》里说："老童（即卷章）生重黎及吴回。"吴回生陆终，陆终有六个儿子，老四名叫

「郐国故城碑，妘姓先祖居住的地方」

莱言（又称求言），老六叫季连姓芈，为楚人祖先。莱言姓妘，被尧封在一个叫作郐的地方，郐地在今河南新郑、密县一带。这一带古为"祝融之墟"，从尧一直到西周，妘姓一直居住在其始祖祝融的故地，长达一千多年。在东周初年（约公元前769年），郐国被东迁的郑武公所灭。由于郑国的先人在西周时被封在陕西华县，把郐灭亡后，把其地改为"新郑"，因此新郑的地名一直沿用至今。

与新郑交界的河南密县东南七十里的曲梁乡大樊庄，有古城遗址，呈长方形，东城墙长330米，西城墙长336米，南城墙长453.5米，北城墙长442米，城垣残高3~5米，东西城墙大部分被溱水淹没。城内存遗有仰韶、龙山、二里头等文化层，可以证明此城延续甚久，当为郐国国都所在，在当时可以说是一个较大的城市。

妘姓的郐国一千多年来居住在河南新郑附近，随着社会的变革与动荡，其部分族人也一直在流动迁徙，最终在汉水流域建立了郧国，那么郧国在今天哪里呢？《左传·桓公十一年》里说："郧人军于蒲骚。"晋代杜预作注："郧国在江夏云杜县东南。"许慎《说文解字》："郧，汉南之国，从邑，员声。"段玉裁注："今湖北安陆府城即故郧都也。汉水自西北而东南，德安在汉水，北而云汉南者，汉之下游地势处南也。"杨伯峻的《春秋左传注》说，郧"在今湖

「《说文解字注》中"郧"」

北省沔阳县境,然《括地志》及《元和郡县志》则在今安陆县,恐今安陆县一带皆古郧国"。综合以上说法来看,晋代杜预注指出古郧国在江夏云杜县,西汉至西魏时代的云杜县就是今湖北京山县,京山县与安陆市紧邻,晋代时统称云杜县。今人杨伯峻注也指出古郧国在今湖北安陆一带。因此我们有理由相信,古郧国地处湖北安陆市无疑。

结合以上分析,我们可以作一个简单的梳理,在改朝换代的东周春秋动荡之际,妘姓郐国有一部分居民南下到了汉水之东的安陆市等地,他们不再以郐为国名,而是以族姓"妘"作国名。妘由族姓改为国名,古代邦国也称邑,字便去"女"从"邑",邑作偏旁简作"阝",于是便有了"邧"国。古人写字有时会使用通假,"邧"又写作"郧","郧"作国名为后世所通用。郧国所傍的河流名"涢",是郧字由从"邑"被改成了从"水"。郧国的统治地域,在今湖北省安陆市一带地区,与今京山、孝感、云梦、应城、随州等市县接壤,安陆市至今有郧乡、郧亭、郧公庙、郧城等遗迹。

前面我们有所提及,陆终的第四子莱言(又称求言),第六子季连,分别是郧人和楚人的先祖。从这点上看,郧、楚两国在血缘上确实具有同祖关系,但所谓"春秋无义战",弱肉强食,郧国最后还是被楚国所灭。

春秋时期,楚国经过几代楚王的努力,渐渐强盛起来,到楚武王熊通(公元前740—前690年在位)当政时期,楚国已强大起来,开始对外扩张势力,大肆侵并汉水以东诸国,郧国作为汉水流域一支小的势力,自然也遭受到了巨大的威胁。为救亡图存,郧国联合随、绞等国抵抗楚国,在《左传》等书中记载了历史上著名的"蒲骚之战"。

鲁桓公十一年,也就是楚武王四十年(公元前701年)的春天,楚国莫敖屈瑕("莫敖"为楚国最高的官职)要和贰(在今湖北广水市)、轸(今湖北应城市)两国会盟,企图从南北两个方向来消灭郧国。面对夹击,郧国迅速做出了反应:将本国的军队先期驻扎在靠近楚境的蒲骚,紧接着联合随、绞、州、蓼等国,组成同盟军,先向楚国发起攻击。莫敖屈瑕感到事态严重,对此不免有些担心。此时足智多谋的楚国大夫斗廉建议:"郧国军队驻扎在他们的郊外,一定戒备不严,他们天天盼望四国军队赶快赶到。您把军队驻扎在郊郢(今湖北钟祥市)去抵御四国军队,以确保首都的安全。我率领精锐部队趁夜色掩护去进攻郧军，郧军存在期望四国援兵之心而又倚仗自己的城郭，这样就没有斗志了。如果打败郧军，四国的联军一定会离散。"屈瑕说："何不向君王请求增兵？"斗廉回答说"师克在和，不在众。商周之不敌，君之所闻也。成军以出，又何济焉？"就是说"军队打胜仗在于军心上下一致，不在于兵多。商纣兵多但敌不过周武王，这是您所知道的。我自成一军而出征，何必增兵呢？"莫敖说："可以考虑先占卜一下出师的吉凶。"斗廉回答说："占卜用于决断疑惑，没有疑惑占什么卜？"后来斗廉夜袭郧南重镇蒲骚，一鼓作气打败了郧军，最终和贰、轸两国订立了盟约，凯旋而归。

由于史料的不充分，我们不能确切地知道，是否此时楚国已经把郧国完全消灭了，但是可以得出的结论是：郧国被灭亡的时间最早可以定在楚武王四十年（公元前701年）。

楚武王之后，郧国的历史，或者说关于郧的历史记载并未消失，楚国与郧地依然有着剪不断的关联。我们来看一下《左传》中的记载："初，若敖娶于郧，生斗伯比。若敖卒，从其母畜于郧。淫于郧子之女，生子文焉。郧夫人使弃诸梦中。虎乳之。郧子田，见之，惧而归。夫人以告，遂使收之。楚人谓乳谷，谓虎於菟。故命之曰斗谷於菟。以其女妻伯比，实为令尹子文。"意思是说，若敖氏是楚国的贵族，与郧地联姻，生了个儿子叫斗伯比，父亲死后，跟着母亲来到了郧地，与郧君女儿私通，生下了个孩子。郧君夫人怕有伤风化，把孩子扔到了云梦泽之地。有一天郧君出去打猎，隐约看到一个婴孩正在吃虎奶，回家后告诉家人，后来才知道是自己女儿的孩子，于是把孩子带回来抚养，而且索性把女儿嫁给了斗伯比，由于楚地称"乳"为"谷"，"老虎"为"於菟"，于是取名斗谷於菟，这个婴儿就是楚国著名的贤相斗子文，又称令尹子文。

关于令尹子文的故事有很多。《左传》记载，鲁庄公二十九年（公元前665年），楚国令尹子元率军攻打郑国，撤军后就住在王宫，意欲霸占已故的

「武汉东湖磨山风景区"虎乳子文"雕塑」

楚文王的妻子。楚国的大臣用计除掉了子元，推举子文担任令尹。子文看到国家贫弱，就把自己的家产全部拿出来救助国家。这便是"毁家纾难"或者"毁家纾国"成语的来历。

子文于鲁庄公三十年（公元前664年）开始做令尹，到僖公二十三年（公元前637年）让位给子玉，其中有28年的时间，在这28年中几次被罢免又被任命。为了荐举贤才，子文三次辞去令尹的职务，从国家利益出发，不计个人得失。为了体恤百姓，家里没有一点多余的积蓄，楚成王听说子文几乎吃了上顿就没有下顿，因此每逢朝见时就预备一束干肉、一筐干粮，用来送给子文。成王每当增加子文的俸禄时，子文一定要逃避，直到成王停止给他增加俸禄，他才返回朝廷任职。有人对子文说："人活着就是求个富贵，但你却逃避它，为什么呢？"他回答说："当政的人是庇护百姓的，百姓的财物空了，而我却得到了富贵，这是使百姓穷苦来增加我自己的财富，那么我离死亡也就不远了。我是在逃避死亡，不是在逃避富贵。"可见子文清廉如此。

鲁成公七年（公元前584年）郧公钟仪曾随楚师伐郑，从这里我们认为此时的郧国应该已经成为楚国的附庸国。鲁昭公十四年（公元前528年）"楚令尹子旗有德于王，不知度。与养氏比，而求无厌。王患之。九月甲午，楚子杀斗成然，而灭养氏之族。使斗辛居郧，以无忘旧勋。"楚平王的令尹斗成然贪得无厌，与养氏勾结，被楚平王所杀，又立其子斗辛于郧地，为表达不忘其拥立平王登上王位之功，我们或许可以理解为此时的郧国已经成为楚国的一部分了，斗家只是帮助楚王治理此地而已。

春秋末年，吴楚战争不断，在《左传》《史记》中皆记载了这样一件事，公元前506年，吴国军队占领楚都，楚昭王狼狈逃命，"济江，入于云中。王寝，盗攻之，以戈击王，王孙由于以背受之，中肩，王奔郧。"昭王逃到云梦地区，由于受到强盗的攻击，王孙受了伤，后来昭王奔逃到了郧地。然而郧公斗辛的弟弟斗怀却要杀昭王，说道："'平王杀吾父，我杀其子，不亦可乎？'"斗辛曰："君讨臣，谁敢仇之？君命，天也。若死天命，将谁仇？《诗》曰：'柔亦不茹，刚亦不吐，不侮矜寡，不畏强御。'唯仁者能之。违强陵弱，非勇也。乘人之约，非仁也。灭宗废祀，非孝也。动无令名，非知也。必犯是，余将杀汝。"这段话什么意思呢？

前面我们知道，楚平王杀了斗辛的父亲斗成然，这样斗怀想要通过杀楚昭王来为父报仇。斗辛为了保全楚昭王，通过向其弟传授王命天授的思想以及《诗经》中仁者的操守：不恃强凌弱，不师出无名，最后不惜用兄弟反目来要挟其弟，誓死保全楚昭王。或许斗怀有些不情愿，但也无可奈何。最后斗辛与其另一个弟弟斗巢一起护送昭王逃奔到了随国。其间昭王一直得到鄙公斗辛的保护。

鄙国灭亡后，留在原地的遗民，在吴国攻破楚国郢城时，参加了复国斗争。不久，吴军在秦楚联军的打击下败退，楚恢复故国，吴国便将鄙子国的一部分遗民，迁至今江苏如皋市的滨海之地，到那里去开发新淤的海滩。因此，在今如皋市的东部，也留下"鄙"之地名，《左传》记载："鲁哀公十二年，公会卫侯、宋皇瑗于鄙。"今江苏的《海安县志》说"鄙即为立发，其时鄙为吴国属地，公元前483年，鲁哀公带大臣子贡来到吴国，吴王夫差借机想请几个邻国的国君来结盟，自当盟主。鲁哀公不同意结盟，但同意盟会。出席盟会的有卫国出公、宋国代表皇瑗，盟会地点就在立发（发繇口），并建有发繇亭以示纪念"。清乾隆《大清一统志》载，立发桥，古时叫发繇口，又叫发阳、立发口。吴国后来被越国所灭，越国又被楚国打败，发繇口改属楚国，"鄙"改称"海阳"。鄙国的另一部分遗民，或被迁往湖南的茶陵，茶陵县西面的"云阳山"，或许是鄙人在那里居住后留下的地名。

邓 国

邓国，据有关专家的考证，它的出现大约是在春秋初期以前、上至西周或者更早的商朝时候，在当时是一个具有一定经济文化水平的国家。

那么邓国最早的起源在哪里呢？

《太平御览》卷七十八曾引《帝王世纪》："有乔氏之女，名女登，为少典妃，生炎帝。"卷七十九又引《春秋元命苞》云："女登生神农。"《庄子·徐无鬼》中记载："舜……三徙成都，至邓之虚……"登即邓，有乔即有妫，为舜的祖先，原来为东夷族。因此，我们推测女登可能是东夷族人。据有关传说,在黄帝时,东夷的邓地首领叫邓伯温,为了解救饱受连年征战中苦难的人民,他加入了黄帝领导的中原地区的部落联盟,与黄帝一起,最终打败了蚩尤。因此,邓部落也成为了黄帝的主要部落联盟成员。邓国最早应该在山东境内,舜在历山耕作,在雷泽渔猎,地点都在山东济南、菏泽一带。这与山东兖州的邓地相近。后来,"登"旁加邑为邓,故登、邓古为一字而且音相同。

在商王武丁时,大封诸侯,将其叔父曼封在了河北蔓,建立曼姓邓国,可以说此时的邓国真正建立了。《左传·桓公十一年》:"(郑)庄公使为卿,为公娶邓曼。"注:"邓,曼姓。"

那么此时的邓国在哪里呢?专家一致认为在当时的邓,由于古今地名的差异,邓乃至邓国究竟在何处,历史上存在争议,主要有两种说法。

一种说法是在今河南邓县(旧邓州)。据石泉先生在《古邓国、邓县考》中考证,河南邓县之说不能成立,主要根据是古籍记载中没有有力的论据证明。如《读史方舆纪要》卷五一,虽然在南阳府中的"邓州"总论中说是"春秋时邓侯国",但在后文分条论述邓州的山川城邑沿革时,却并没有提到邓国。乾隆《邓州志》和嘉庆《南阳府志》在"沿革"部分把春秋时邓国和战国秦汉直到晋宋时的邓县都列入邓州范围,但在"古迹"部分又只举出穰县等,而没有提到古代邓县。他认为近人持这种观点的是没有进行详细考证的结果。其实河南邓县从战国以来直到明初的一千多年间,一直是穰县所在地。北魏至隋初曾在这里设荆州。隋灭后梁取江陵以后,荆州移治江陵,始于穰县设邓州。到明初,废穰县,这里才专称邓州。这个沿革是有明确记载的。可以把这个地方排除了。

另一种说法是古邓国在今湖北襄阳市以北的汉水北岸。相关的记载非常丰富,但对具体位置大致又分为三种说法:第一种说法是在襄阳市西北的邓城遗址;第二种说法是在襄阳市东北,唐白河下游西北岸;第三种说法是在襄阳市北。据石泉先生考证,古邓国当在襄阳市西北。因为襄阳市西北说出现得最早,南朝刘宋时人盛弘之所作《荆州记》(原书佚,内容转引自《太平御览》卷一百九十二):"樊城西北,有邓城……邓城西北行十余里,邓侯吴离之国,楚文王所灭,今为邓县。邓城西百余里,有谷伯绥之国。"乾隆《襄阳府志》卷五,襄阳县"邓城"条云:"在邓城南七里,春秋时邓国地。"同治《襄阳县志》卷一,"邓城"条云:"县城西北二十里。今城基尚存,高丈余,濠淤成田。"因此,古邓国当在襄阳市西北。

西周时期,邓国国君被封为子侯。成、康时代的盂爵铭有"王令盂宁邓伯",记述了周王派盂慰问邓国国君之事。西周中期开始,有关铭文上一律称"公",反映了邓国威信得到了提高。春秋时期,邓国与郑国、楚国等都有联姻。邓国与楚国地域最为接近,周王朝分封其在此地很大的原因或许是让其帮助周王朝守卫南部疆土。春秋初年,邓国与楚国进行了联姻,把国君之女嫁到了楚国。这是一场对双方都有利的婚姻,对于实力相对较弱的邓国来讲,可以有一个有利的筹码,相当于多了一层保护;而对于楚国来说,可以模糊邓国和周王朝的视线,利于以后的扩张。

随着楚国国力的日益增强,这种局面被打破了。公元前705年,邓侯和西邻的谷伯远到今山东曲阜拜访鲁国。两年后,巴国派韩服通过楚国与邓交好,楚派道朔和韩服一起出使邓国,但是意想不到的事情发生了:使者们走到邓国南疆的鄾地时,遭到了鄾人的袭击。鄾人不但被抢走了财物,还杀了楚、巴的使者。楚武王很生气,让邓国道歉。但是邓国态度强硬,拒不道歉。这深深激怒了楚武王。不久,他组织楚、巴联军攻打鄾地,邓国迅速派军救援,三战皆胜。后楚、巴设伏夹击邓军,邓军大败,鄾人夜逃。楚、巴联军追踪而来,邓人被逼迎战,战斗最初十分胶着。邓军数次驱逐围攻鄾的巴军,但都没成功,双方进入相持阶段。楚军统帅斗廉"横阵于巴师中",亲自率军进攻,结果邓军败北。经此一役,邓国实力大为削弱,国势由盛转衰。

在多种因素的影响下,邓国和楚国之间在短时间里还是维持了友好关系。上海博物馆所藏的一套楚大师邓编钟是这一时期两国关系仍然关系密切的见证。据刘彬徽先生研究,此套编钟可定名为邓叉慎编钟,并认为"此邓叉慎应为邓国贵族之仕于楚国者",时代"应早于公元前676—前672年,应铸于楚武王称王之后和楚文王在位期间的近三十年间"。这说明,其间两国虽有摩擦,但友好交往仍为主流。鲁庄公六年(公元前688年),

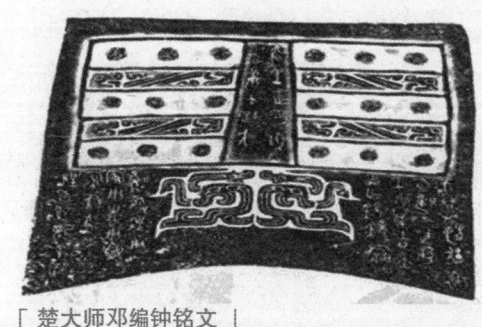

「楚大师邓编钟铭文」

楚文王伐申过邓时，邓祁侯设宴款待，邓祁侯的三个外甥觉察到楚文王的野心，请求杀掉文王，但是被邓祁侯拒绝了。结果也如他们预料中的一样，楚文王在伐申回兵时顺道伐邓。这次伐邓的结果史书没有记载。我们大致可以推测是楚国胜利，但是并没有完全打败邓国。这次战争后，楚国实力继续增强，邓国面临着巨大威胁，终于在楚文王十二年（公元前678年），楚国大举北进，"楚复伐邓，灭之"。最后邓国成为了楚国的属地。

楚灭邓后随即在原址设县，可以说邓县是楚国较早设置的县之一。1974年，山湾墓地出土了一件"邓公乘鼎"。此鼎器壁厚实，子母口，腹圆鼓，圜底，方形附耳，三个兽蹄足外撇呈弧弯，盖上有五柱圈形抓手，盖面、附耳饰蟠虺纹蟥，自铭"邓公乘自作飤繇，其眉寿无期，永宝用之"。其形制属典型"楚式鼎"，多数学者将之断为春秋晚期前段，并认为铭文中的"邓公"不是邓国国君，而是邓县县公。这表明，至迟此时，楚已因邓国而设邓县了。在楚国治下，邓国原先较高的社会经济水平得以继续发展，同时在楚国强大国力和先进文化的影响下，其文化面貌也逐渐与楚文化相同，成为楚文化的一个组成部分。楚文化在成长过程中吸收了邓县本地文化中的

「邓公乘鼎」

许多优秀成分。反过来，邓县楚文化在某些方面也促进了楚文化的发展。

楚灭申先于邓，因此，邓国入楚为县后便没有作为楚开疆拓土的前线面临过战争。这种相对安逸的生活一直持续到公元前312年。《史记·楚世家》记载："（怀王）十七年春，与秦战丹阳，秦大败我军，斩甲士八万，虏我大将军屈匄、裨将军逢侯丑等七十余人，遂取汉中之郡。楚怀王大怒，乃悉国兵复袭秦，战于蓝田，大败楚军。韩、魏闻楚之困，乃南袭楚，至于邓。楚闻，乃引兵

「邓公乘鼎铭文」

归。"这就是历史上有名的"蓝田之战"。这次战争后,作为楚国腹地的邓县一夜之间便成为了楚秦对峙的前沿阵地,时刻面临着来自秦国的威胁。《史记·秦本纪》记载:"(昭襄王)二十八年,大良造白起攻楚,取鄢、邓。"在秦、楚激烈角逐中,秦以绝对的优势胜出,楚国的邓县也随之变成秦国的邓县。在设邓县后,将其划归南阳郡管辖。邓县的历史从此也翻开了新的一页。

邓国虽然湮没在了历史的长河之中,但其留下的文化遗存依然记载着这个国家曾经的存在。

(一)邓国故址

邓国遗址位于樊城北约6公里处团山镇邓城村,南近汉水,北接南阳盆地。地势平坦开阔,交通便利,有着很重要的战略地位。城址近方形,夯土城墙,周长约3150米,现存一般高度为3~5米,东南角为最高点,高出地面约6米。东、西、南、北四面各设有一座城门,护城河大约有40米宽,现在成为了水田。据传说,城内有铜镞、金粒,城内的人们有时杀鸡还可取出金粒,故有"邓城不卖活鸡"之说。

「邓国故址」

该遗址早在1987年就进行过试掘,据《湖北省襄樊市邓城遗址试掘简报》报道,两周之际到春秋早期阶段遗存属邓文化遗存。2000年,谷城庙滩发现一座邓国墓葬,通过对出土器物的分析,可知其时代在春秋早期前段。2001年邓城遗址以北约4公里处的王坡,2002年位于邓城遗址以北约15公里处的小马家遗址,2004—2007年在邓城遗址以东的黄家村,2006年邓城遗址以东1.2公里处的沈岗,此外,邓城遗址东南的周家岗遗址,以南王家巷遗址等,都发现了大量邓国墓葬。珍贵文物"邓公乘鼎"和"吴王夫差剑"也分别出土于山湾和蔡坡墓地。

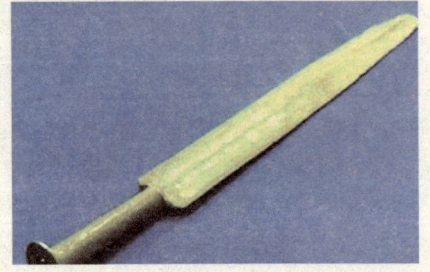
「邓国遗址出土的吴王夫差剑」

（二）青铜器

近年来，关于邓国的青铜器不断有所发现，传世和先后出土的青铜器共几十件，有些虽然不是邓国的器物，但因婚姻关系或因同盟关系与邓国关系密切。传世的"邓小仲方鼎"，早年曾被私人收藏，现藏于中国台北故宫博物院，因器物锈蚀严重，铭文已经无法认清。之后，《欧洲所藏中国青铜器遗珠》发表了所藏

「邓小仲方鼎铭文」

于苏黎世利特堡博物馆的一件同名方鼎，其形制和铭文内容、格局与中国台北故宫博物院所藏完全一致，应为同一人所作。铜器腹内有铭文4行23字。铭文意为邓小仲所得一物，不敢丧失，所以为其祖先制作祭器。《两周金文辞大系图录考释》中共收录了3件邓器，分别是"邓孟壶"、"邓伯氏鼎"、"邓公簋"。徐少华先生认为"邓伯氏鼎"中"伯氏"应为邓的宗支，此鼎的年代与著名的"毛公鼎"相去不远，而"邓孟壶"和"邓公簋"则为西周晚器之物。中国历史博物馆还收藏了其他的铜器如"邓伯吉射盘"等。这些鼎的发现为我们更好地了解邓国提供了可能。

（三）关羽水淹七军

后世赫赫有名的关羽水淹七军的故事就发生在邓国故地上。三国时期，刘备自立为汉中王后，命关羽进攻襄阳、樊城。曹操以于禁为帅、庞德为先锋，统率七军迎敌。庞德骁勇善战，关羽马失前蹄，几为所败；于禁深嫉庞德，便紧急鸣锣收兵。关羽回营，夜观兵书，揣摹对策，并携关平、周仓夜观敌营。适值连天暴雨导致襄江水涨，关羽乘机开闸水淹曹军，生擒了于禁、庞德。当然《三国志》里说是由于雨量过大，冲垮了堤坝。人们更愿意相信是关羽开闸放水的结果。

「关羽水淹七军壁画」

不管怎样，此战体现了在战争中充分利用便利的天时地利条件为我所用的重要性，为后世的战争树立了一个典范，也彰显了关羽的英明神勇。

卢 国

卢国又称"卢戎国"、"庐戎国"、"庐国"、"卢子国"等，为姜姓戎族，与齐、申、甫、谢、许等国为同姓，原属四岳之裔，卢戎同姜戎一样，性格强悍，且长期过着游牧迁徙的生活。

那么卢戎这一名称中的"卢"是怎么来的呢？这与卢水有关，章怀太子注《后汉书》云："卢水一名若水。"据何光岳先生在《楚灭国考》中考证，卢戎起源于若水上游，卢水也称若水、沫（罗）水，据说，郭沫若的名字来源就与此二水有关，卢与若（音诺）在长江流域大部分地区相通，卢水亦即四川岷江。由于该部落发轫于卢水上游，故以此为名。它与血缘较近的允姓之戎相邻。

> 对于"卢"字的含义，《说文解字》云："卢，饭器也……籀文卢。洛乎切。"《尚书·文侯之命》云："卢弓一，卢矢百。"王夫之在《说文广义》卷二中分析道："卢，饭器也，盖盉盂之类，以盛饭者。从甾，甾亦器也。甾卢之器烧土为之，皆黑色，故缁字从甾，与此意同。韩卢，黑犬也；卢沟、卢龙，黑水也；博者之卢，黑采也，皆言其色黑如卢也。"沈括《梦溪笔谈》中也说："夷人谓黑为卢。"由此可见，卢国这一古老的部族，是以黑为尊的，并能制造饭器。在古代，饭器都是由柳条和荆条编织而成，在迁徙过程中方便携带，所以卢被戎族视为珍贵的东西，并最终成为本族的称号。

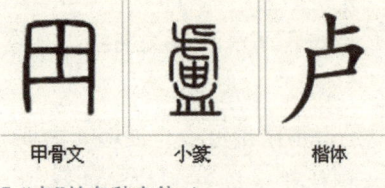

["卢"的各种字体]

卢国先人们奋发图强，大约在商代时期已发展成为了强大的部落。到了西周时期，卢国先人曾跟随周武王灭商。《尚书·牧誓》里记载：周武王联合庸、蜀、羌、髳、微、卢、彭、濮等部族联合攻灭商朝。《尚书·孔传》云："八国皆蛮夷……卢、彭在西北。"这也从一个侧面证明了卢部族这时依然活动于四川西北部的岷江上游。武王灭商后,周封功臣姜尚于齐,由于卢戎与姜本有血缘关系,这时有一部分卢人向东迁至今山东济南市长清区,建立了卢子国,并转向了农业定居的生活。随着文化水平的提高,逐渐融合于华夏族之内。在公元前804年左右,卢被齐所并,由于高傒拥立齐桓公上位有功,便被封到卢国,食采于卢,高傒不仅是高姓的始祖,也成为了后世卢姓的始祖。汉朝在此置卢县。

除了迁往山东的一部分卢人外,其余的仍游牧于陕西与河南相邻处的崤山、熊耳山一带,仍然与允姓之戎相邻,被称为卢戎。当秦、晋兴起,势力开始强大时,卢戎受到威胁,大部分卢人便越过商洛山区,向西南迁徙到陕西、湖北相邻地区,留下的小部分与彭国渐渐融合为一族,被称之为"彭卢戎"。后来卢戎又走出山林,向东迁至今湖北襄阳市南漳县,这里正临平原沃野,为卢人的农业定居提供了有利条件。

卢戎迁到南漳之后,虽然摆脱了秦、晋的袭扰,但是又有一个虎狼之国与其相邻——那便是楚国。随着楚国的不断强大,卢戎受到了威胁。面临外敌的入侵,卢戎能想到的是绝不能坐以待毙,于是联合罗国来共同抵抗楚国。在公元前699年,"楚屈瑕伐罗……罗与卢戎两军之"。由于屈瑕骄傲大意,轻敌冒进,在罗、卢联军的夹击下,楚军腹背受敌,四处溃散,楚国大败,主帅自缢,其余将帅被俘,楚国损失惨重。但是,楚国的扩张是无法阻挡的,卢被灭的具体时间史书上没有详细记载,据专家推测,大约在公元前690年灭亡随国之前,卢戎便被楚武王所灭。

「《说文解字注》中的"卢"字」

「高傒墓」

卢戎被灭后，它的遗民被迫迁徙，先迁到今湖北省宜昌枝江市，后来又迁到汨罗东邻的湖南省岳阳市平江县，现在平江县依然有卢洞、卢山和卢水。另一部分不愿意降楚的卢人逃入了荆山，过着游牧迁徙的生活。

卢国虽然消失在了历史长河中，但在山东和湖北的卢国文化遗址依然昭示着这个部族曾经的存在。

(一)山东长清卢国故城

山东长清卢国故城遗址位于归德镇国庄以西的卢城洼，宋太宗至道二年（公元996年）由于黄河决口，水淹卢城，致使古卢城全城下陷，变成一个南北、东西各长约2000米的大凹洼。在1958年以前，卢城洼四周的村庄还分别以卢城东门、西门、南门和北门命名为村名。后来黄河再次决口，最终卢城洼淤成了平地。

前面我们说过高傒成为了卢姓的始祖，卢姓起源于此。卢氏子孙开枝散叶，不仅遍布祖国的大江南北，还远渡大洋到达了韩国，甚至韩国前总统也是卢氏后人。

「韩国前总统卢泰愚与夫人在卢国国君墓前合影」

这到底是怎么回事呢，在一个怎样的机缘下，卢氏后人到了韩国的呢？

> 有史料记载，唐朝卢氏共有八任宰相，可谓风光无限。唐朝末年，黄巢、王仙芝发动了农民起义，于公元880年攻克洛阳。潼关失守后京师长安大乱，黄、王扬言要杀尽唐朝皇族、大臣，时任刺史的大学士卢惠携家眷及九子和另外七名要好的大学士乘船东渡到了朝鲜。卢惠与同船的这七名要好的大学士义结金兰，誓曰不能同姓但求同名，议定各在名讳旁加一"禾"，卢惠遂改名为卢穗。卢穗的九个儿子成为了韩、朝卢氏的九大支，繁衍至今韩国卢氏家族已有40多代，30多万人。2000年，作为卢氏的后人，韩国前总统卢泰愚与夫人来到长清寻根问祖，并在卢国国君墓前合影。

(二)湖北南漳卢戎国故城

地处南漳县九集镇街边的旧县铺村,为卢戎国城遗址,由于原有一座南北长约 150 米、东西宽约 100 米的土城,为叶姓所居,也称叶家土城。土城早年在平整土地时被挖毁,今西侧尚保留了一段长近 100 米、宽 3~5 米的护城壕沟遗址。据史料记载,遗址地为汉代的中卢县,说明中卢县的治所就建在古卢戎国故城的废墟之上。现遗址地表尚能见到汉代的绳纹砖瓦遗物以及魏晋以后的陶

「卢戎国城遗址」

器、瓷器碎片。1979 年,在安徽寿县花园村出土了 4 枚圆饼状"卢全"金币,专家推断金币便是来源于此地。

旧县铺村不仅是卢戎国故地,还是"刻木事亲"的孝子丁兰的故里。这个故事是这样的:东汉人丁兰,幼年时父亲去世,母亲抚养他长大,不幸的是后来母亲也去世了。"子欲养而亲不待",他经常思念父母的养育之恩,于是用木头刻成父母的雕像,凡事均和木像商议,每日三餐敬过双亲后自己方才食用,出门前一定禀告,回家后一定面见,从不懈怠。但是其妻对木像却不太恭敬,用针刺木像手指,木像手指出血。待丁兰回家后见木像眼中垂泪,问知实情后,觉得愧对双亲,就把妻子休了。正是像这样的中华民族的传统孝道,为卢国故地增添了几许庄重与温情。

罗 国

关于罗族的名字的来历,我们需要首先了解一下"罗"的含义,《说文解字》:"罗,以丝罟鸟也,从网从维,古者芒氏初作罗。"《尔雅》云:"鸟罟,谓之罗。"注:"谓罗络之。"疏:

小篆　　楷体

「"罗"的各种字体」

"罗,鸟飞张网以罗之。"《诗经·王风·兔爰》云:"雉离于罗。"传:"鸟网为罗。"由此可见,罗是一种狩猎工具,中华民族在很早的时候,就已经发明罗用来捕捉飞鸟了。因此,人们就把这个善于制造罗网、用于捕猎飞鸟的民族称为罗族。

那么罗国先人们是从哪里来的,罗国的发展又经历了怎样的历程呢?

> 罗人,是祝融氏吴回的后人,是荆楚的一个先祖芈姓首领穴熊的一支,因此也姓熊,和荆楚同祖。在秦嘉谟所辑补的《世本》里说:"罗氏,本自颛顼,末胤受封于罗,国为楚所灭,子孙以为氏。"《说苑》也说是"祝融氏之后"。据《周礼·夏官·罗氏》载:"罗氏掌罗乌鸟。"注:"能罗罔搏鸟者。"秦嘉谟辑补《世本》称:"周大罗氏掌鸟兽。其后氏焉。"《礼记·郊特性》云:"大罗氏,天子之掌鸟兽者也……罗氏致罗与女。"

大概当穴熊活动于有熊氏之墟(今河南新郑市)和熊山(今河南漯河郾城区)的时候,罗人便活动于熊山南部的罗山。《读史方舆纪要》卷五十载:"罗山,大(罗山)县南十里,峰峦环抱,隋因以名县,亦谓之龙山,又名小罗山。县南百里又有大罗山。"《路史》说:"罗,熊姓罗君也。"注:"故信阳有罗山。"指出罗最早在罗山,今为河南信阳罗山县。《左传·昭公五年》:"楚子以驲至于罗汭。"又云:"吴败楚于鹊岸,楚子济于罗汭,次于莱山。"俞正燮《癸巳类稿》卷二《棫林、罗汭、莱山义》称:"《河南志》谓罗汭在罗山(县),莱山在光山(县)……当以《河南志》为是。"由此也可知,罗山得名的原因是罗人曾在这一带活动,再加上这个地区也是候鸟迁移时的重要中转站,森林茂密,鸟类众多,方便罗人在此捕猎飞鸟,这也与罗人部落得名的由来相契合。

商代时,商高宗武丁等历代君王,大肆征伐属于夏朝的残余势力——

《说文解字注》中的"罗"字

荆楚，罗由于与荆楚同祖，自然也遭到同样的打击，便随着荆楚部族躲避而西迁。当荆楚迁到今陕西渭水水域的荆山、楚水时，罗人也迁到楚北面的罗山、罗水，即今甘肃正宁县东二十里的罗山。这时罗人所在地为正宁县的罗山和罗川，但由于迁到靠近周部落先人所居住的地方，周人自然不太情愿，认为对自己构成了威胁，便侵迫罗、楚迁移，他们便越过秦岭南迁。楚人迁到了丹阳，罗人迁到了荆山西北的房县。

在房县短暂停留之后，罗人并未停止迁移的脚步，继续向东迁移，《水经注》云："夷水……历宜城西山，谓之夷溪，又东南迳罗川城，故罗国也。又谓之鄢水，《春秋》所谓：'楚人伐罗渡鄢者也。'"《路史》也说是："在襄（阳府）之宜城。"对于罗国最终的迁移地点，随着后世行政区划的复杂变迁，有所争议。有的专家认为在今襄阳市宜城市西二十里的罗川城，还有认为在今襄阳市南漳县武安镇，我们知道，这两个地方交界，我们姑且采取折中的说法，位于襄阳市的宜城市和南漳县的交界处。由于这里位于汉江平原之地，土壤肥沃，为罗人发展农业创造了优越的环境。

商末周初，活动在江汉平原一带的罗人先民审时度势，参与了灭商的斗争，并在其中发挥了一定作用，最终武王伐纣成功，罗人受到周王室的嘉赏。《后汉书·西羌传》记载："戎本无君长，夏后氏末及商周之际，或从侯伯征伐有功，天子爵之，以为藩服。春秋时，陆浑（陆浑戎）、蛮氏戎称子。"周朝授予了罗族首领子爵称号，罗国也正式成为罗子国。

到了春秋初期，正值楚武王国势强盛，楚向汉水以东和以北发展势力，罗国首当其冲，遭到楚国不断的侵扰。《左传·桓公十二年》，楚国派兵征伐绞国，"楚师分涉于彭。罗人欲伐次之。"注：罗"国在宜城西山中"。"十三年春，楚屈瑕伐罗……（师行）遂无次，且不设备。及罗，罗与卢戎两军之。大败之。莫敖缢于荒谷，群帅囚于冶父以听刑。"这次罗、卢两国联合行动，屈瑕急于攻克罗国都城罗川城，骄傲轻敌，在督促全军尽快渡过鄢水时，队列错乱无序。当他们渡过鄢水，行进罗川城时，正面有罗国军队迎击，背面有卢国军队的攻击，楚国军队腹背受敌，四处溃散。在罗、卢两国的夹击下，楚国军队大败，主帅自缢，其余将帅被俘，使楚国损失惨重，可见当时罗国还有一定的实力。但毕竟楚国是个大国，后来楚又伐罗，最终兼并了罗国。

关于罗国灭亡的具体时间，史无明载，只有楚师伐罗的"鄢北之战"有记载，但此战的结局，直接促进了楚人创建稳固的江汉基地的战略思想的形成，导致了罗国的灭亡。罗国被楚所灭，大致可以推测为约公元前690年，在楚武王伐随之前。否则，楚国决不可能越过罗国去攻打随国，也不可能越过罗国去攻打邓国。所以，楚灭亡了罗国之后，完全控制了汉水的交通要道，为吞并汉东诸姬和北向中原打下了坚固的基础。

关于罗国的灭亡原因，据富辰谏周襄王说："昔鄢之亡也由仲任……罗由季姬……是皆外利离亲者也。"注："季姬，姬氏女，为罗夫人而亡其国也……外利，行满腔热情僻求利于外，不能亲亲以亡其国也。"很显然，富辰把一个国家的灭亡归结为一个女人，这样的说法有失偏颇。我们认为最重要的原因是当时楚国与罗国之间的实力悬殊，再加上罗国由于在之前的战争中与卢国联手打败过楚国，骄傲轻敌，放松了警惕，最后导致了亡国。

罗亡国后，子孙便由熊姓改为罗氏，或为罗侯氏。《姓氏急就篇》说："罗侯氏，罗国为楚所灭，其后号罗侯氏。"《古今姓氏书辨证》卷十二也说："罗侯，罗君之后，子孙氏焉。"《姓解》载："罗侯，即上罗国子孙，为楚所灭。有国日，尝封侯者，又自称罗侯氏。"

楚武王灭亡了罗国后，罗国此时已成为楚的附庸国。但是楚国为了防止在北进时可能遭到罗国遗民的干扰，于是便把罗国遗民迁到楚都丹阳附近的枝江，或许还有另一个原因：那就是役使罗人修筑楚都丹阳城。故《水经注》云："枝江地，故罗国。"《路史》也说："初国宜城，后徙枝江。"到楚文王时，楚国由丹阳迁都于郢，因罗在枝江，逼近郢都，楚文王又将罗国遗民迁到今日的湖南汨罗。《汉书·地理志》载："长沙国罗县。"应劭曰："楚文王徙罗子自枝江居此。"杜佑《通典》称："岳州，古罗国地。"指的是岳州南境一带。《路史》云："今潭之湘阴东北六十里有罗故城，秦之罗县，梁为罗州。"光绪《湘阴图志》卷六沿革表云："楚文王灭罗，而徙都郢，乃从宜城徙罗丹阳（与枝江相邻），已而又南徙湘水之阴，遂为罗国。"《读史方舆纪要》卷八十载："罗县城，……春秋时罗国也。"光绪《湘阴图志》卷六沿革："楚文王灭罗，而徙都郢，乃从宜城徙罗丹阳，已而又南徙湘水之阴。"其实灭罗的是楚武王，迁罗于湘阴的是楚文王。

此时罗国的活动范围，大约在汨罗江流域。由于罗人在此活动，所以又把一条无名溪江改为罗水。《大清一统志》云:"卢水源出卢山,南流迳故县城,至双江口入汨,以其流迳古罗县,故一名罗水。"卢水又称作罗水。

关于罗国的迁移地点,我们可以做一个简单的梳理,最早发源于河南信阳罗山县,后来迁徙到甘肃正宁县,进而又迁到湖北房县、襄阳市,被楚国灭亡后,其遗民又迁到了湖北枝江市、湖南汨罗市,在这么多次迁移的土地上,至今仍能找到许多关于罗国的文化遗存。

(一)湖北襄阳罗国城遗址

1995年《襄樊市文物史迹普查实录》中这样写道:"罗国城遗址,位于安集镇邓家嘴村(现为武安镇洪山寺村)罗家营东约120米处,北临黑河,隔河距雷公嘴约1公里,东枕南河(即碑河),与西岗村相望,南至葡萄架村约0.5公里……遗址坐落于南河、黑河汇入柳河处南侧的土岗之上。地势平坦,三面环水,其高出水面4~5米,平面呈葫芦形,遗址东西长约150米,南北宽约100米。"襄阳罗国城遗址的发现为我们研究罗国的发展提供了珍贵的文物资料。

「襄阳罗国城遗址」

此地还存在着另一著名的遗址——罗家营遗址,其实在罗国迁来之前,先民们早已在此繁衍生息,同时也创造了灿烂的史前文明。《中国文物地图集》中关于罗家营遗址有这样的描述:"面积约1.5万平方米,文化层厚1米左右。采集有石铲和陶片。新石器时代陶片以泥质红陶为主,有少量夹炭、夹砂红陶及泥质灰陶,均素面,器形有鼎、罐、钵等,属屈家岭文化;东周陶片以泥质灰陶为主,夹砂褐陶次之,纹饰有绳纹、方格纹,器形有鬲、罐及板瓦等。在罗国城遗址黑河岸边的土岗上,随处都可采集到新石器时代的夹砂红陶。"先民们创造的灿烂文明也为罗国在此地的发展提供了重要的保障。

(二)湖南罗子国城遗址

罗子国的故址在汨罗江南岸,即今湖南岳阳市汨罗西北八里的屈原农场蚕桑场,罗子国遗址尚留有城垣和护城河的遗迹。1957年,湖南省博物馆曾在此发掘,发现城垣长490米,南北宽400米,城北廓保存较好,墙基宽14米,高3米,用黄土筑成。城内西南部有长25米、宽7米的土台,堆积有筒瓦、板瓦及绳纹陶片。城东面有文化遗物和墓葬,出土有硬陶片等,从出土的陶器的质地、器形、纹饰来看,与长沙楚墓中的陶器风格基本一致。从这可以看出,此城址的存在年代应该是春秋战国时期,与罗子国迁到此地的时间吻合。

「汨罗罗子国城遗址」

(三)罗人的延续

罗国灭亡后,罗之遗民的迁徙之路曲折艰辛。据史学家考证,罗国遗民的迁徙路线,足迹遍布五湖四海。除前面说到的移居在今汨罗江流域外,有一支南迁至两广,与骆越融合。又有一支向西南,从滇东、滇南迁入湄南河下游,建立了罗斛国,后并吞暹国,合称暹罗,成为泰国的主体。还有一支罗人不愿降服楚国,遂与卢、庸遗民向西越过神农架,进入川东,定居于阆中。一支则迁入贵州东部、南部,与于越、扬越融合为布依族大姓。除上面之外,还有罗人迁移到韩国的传说。

「汨罗罗子国城遗址出土的陶器」

秦统一中国后,秦始皇为了能长生不老,召集方士求取各种长生不老之法。除了我们耳熟能详的关于一个叫徐福的方士带500名童女童男到东海寻药,一去不复返的故事外,这里我们要说的是另一个叫做韩终的罗人方士的故事。他向秦始皇提出炼制"仙丹",吃了可以长生不老。结果仙丹没炼出来,却炼出了后世称作火药的东西。一次偶然的机会,他把火药中的三种成分——硝石、硫磺、木炭混合一起,而且各种成分比例适当,偶遇火星便燃烧了起来。显然嬴政没有因这项发明而对他进行嘉奖,而是要加害于他。韩终这次和徐福一样,带着长江两岸三千罗人的后裔乘竹筏从上海崇明岛出发,一路向东,从此杳无音讯。据传说,他们到达了韩国,成为了韩国人的始祖。韩国人为纪念韩终,定国名辰韩。这便是韩国的来历。大概为纪念罗国,后来又改辰韩为新罗,这时正值我国唐朝。新罗派到唐朝的留学生达200余人,新罗用唐朝制度制定了自己的礼仪典制,对朝鲜半岛文化发展起了促进作用。公元676年,新罗首次统一了大同江以南的朝鲜半岛,其后历经两百多年的繁华。

「韩国的地名」

有意思的是,韩国有许多地名与我国襄阳、南漳地名相同,如玉溪山、太白山、襄阳、汉江、汉阳(汉城)、丹阳、安东等地。韩国有两个"道"(全罗北道和全罗南道)都以"罗"命名。我国襄阳府在民国初年还叫"道"。在韩国没有省的编制,只有道,道下面为县。或许是迁到韩国境内的罗人怀念故土,使用原来的地名来命名新居,以此慰藉思念之情。

权 国

权,《通志·氏族略》说:"芈姓,颛帝之后。"《唐书·宰相世系表》云:"子姓,商武子姓。"由此我们可以看出,权姓的先人是颛顼之后,是商王武丁子族的姓氏,为子姓。商王武丁统治的50多年间,是商朝最为强盛的时期,武丁一生南征北战,雄霸四方。他开拓的疆域在《诗经》里被称赞作:"邦畿千里,维民所止,肇域彼四海。"可以说东到黄海,西达青海湖,

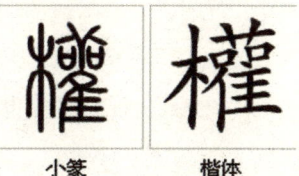
「"权"的各种字体」

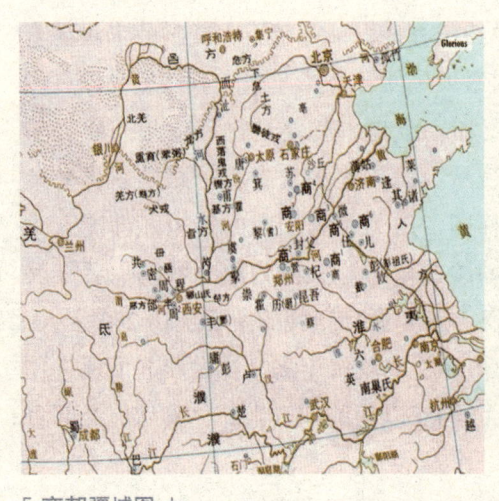

「商朝疆域图」

南抵古云梦泽（今洞庭湖流域以及江汉平原），北到渤海，都是商朝的土地。

我们或许可以有这样的认识：雄才伟略的商王武丁带着他的族人和子民们，由中原的一块小小的地方开疆拓土，扩张了如此庞大的疆域，必然需要有人帮他守护，尤其是其中的边界地区。他所能想到的最值得信任的就是他的儿子们，于是便把他的一个儿子分封在了南疆的汉水流域，并迁族人和民众过去，在那里建立了权国，成为威震荆楚地区，国土最南的政治、军事基地。彼时大约为公元前13世纪。

据《左传·庄公十八年》里说："初，楚武王克权，使斗缗尹之，（斗缗）以叛，围而杀之。迁权于那处，使阎敖尹之。"意思是说，楚武王熊通攻克了权国，任用斗缗为权地的统治者令尹，后来斗缗由于反叛被杀，楚武王便改迁权地民众于那处，让阎敖做了令尹。我们注意到，在这里出现了两个地方：一是权地，一是那地。那么古权国的权地和那地在今天哪里呢？下面我们试着简单梳理一下。

西晋杜预注《左传》中说："权，国名，南郡当阳县东南有权城。"《水经注·沔水》记："沔水自荆城东南流，迳当阳县之章山东。沔水又东，右会权口。水出章山，东南流迳权城北。"郦道元注："（权城）古之权国也。"《水经注·沔水》又说："《春秋》鲁庄公十八年，楚武王克权，权叛，围而杀之，迁权于那处是也。东南有那口城。权水又东入于沔。"据专家考证，那时的当阳县已经与今天的当阳县大不相同，现在的当阳已经往西部移了很多，原来的当阳现在大体在荆门市沙洋县境内。上文所指的权口，也就是那处，即权水注入沔水（汉水）处。据日本学者竹添光泓《左氏会笺》考证："那处也，今安陆府荆门州东南有那口城，即那处。"那么权水又是指哪里呢？《大清一统志》记载："权水，源出荆门州西，东流经州南，又东流至钟祥县西南，入汉水。"乾隆年间的《荆门州志》里说："权城在州南一百里。""权水，出西蒙诸山，会曹将军港至内方入汉。"内方即章山，《水经注·沔水》记载："(章山)《禹贡》所谓内方山。"现在又叫马良山。另据《荆门州志》里关于马良山记载，说此山原名为章山，《禹贡》称作内方山，因三国蜀名臣马良读书于此，故后改为马良山。张守节的《史记正义》引《括地志》说："章山在荆州长林县东北六十里，今汉水附章山之东。"《括地志》成书于唐代，由于历史沿革，长林县址迁至今沙洋县藻湖一带，权水注入汉水的地方，今属荆门沙洋县境内的马良山。按《水经注》所指方位，权城当距权口不远，亦应在今沙洋县境内。

综合以上种种证据，我们可以大体推测出权、那处，应该都在今湖北荆门市沙洋县境内，两地距离不会太远。

了解了权国所处的位置，我们可以对此地的地理生态环境进行一个大体的了解。荆门沙洋县所在的权水（今称竹皮河）流域，为荆山余脉向古云梦泽过渡的坡岗丘陵、河谷平原、水乡湖区地带。这里地域辽阔，地势平缓，水源充足，土壤肥沃，物产丰富，为农耕和渔猎创造了良好的环境。这里属于屈家岭文化的覆盖区，这里的先人们很早就会采摘渔猎，为此地的发展奠定了良好的基础。再加上后来权国的建立，作为中原地区迁移去的民族，带去了先进的生产技术，在这块沃土上创造了更为发达的文明。古权国在商代已是人烟稠密、物产丰富、人文荟萃、交通便利之地。1992年7月，荆门市博物馆在马良棉花露天货场挖掘出一古墓，出土了一批青铜宝剑、玉翠环等兵器和日常用品陶器等，从精良的制作工艺上判断，可以证明当时的繁荣景象。

「 竹皮河鸟瞰图(古权水) 」

这样权国从殷商时期一直存在到周朝。周初，权国受到周王室的重新分封，仍驻权地。总体而言，权国的国土面积不算大，但是整体实力在南方地区不容小觑，尤其是在楚国还未壮大之前。

在权国北、汉水之滨的荆山地区，楚自鬻熊居丹阳，累世至熊绎才受到分封为子爵，《史记·孔子世家》中记载："楚之祖封于周，号为子男五十里。"从西周末期到春秋时期，楚国几代国君，励精图治，筚路蓝缕，逐渐强大了起来，开始四处对外扩张，尤其是在楚武王熊通的时候。

其实早在楚武王熊通之前，楚国已经与权国有过交手，一直想把这个殷商故地之国灭掉，但是从熊渠至楚霄敖都未能如愿，而楚武王实现了先君的夙愿，最终灭亡了权国。由于史书并未记载楚国具体何时灭了权国，专家们给了一个大体的时间，在楚武王三十四年至五十年之间（公元前707—前691年）。

当时，楚国的国都还在丹水一带，权国位于楚国的南面，楚国的东面有申国，但进攻申国须渡汉水。申、楚之间，还有邓国和卢国，只有权国孤悬而乏援，又是由殷人遗民建立起来的，成为楚南下扩张的障碍和攻击他国时的后顾之忧。楚武王采取了近交远攻的策略，与邓、卢两国和亲，娶邓女邓曼为正夫人，娶卢女为侧夫人，稳住邓、卢两国，在进攻权的时候放过了与楚最近的罗国，南下直取权国。

通过我们前面的分析，楚国灭了权国固然与其扩张需要以及当时权国的地理位置有关，还有一个事件，也值得我们回味。公元前706年，熊通率兵攻随，随人问到："我们并未得罪楚国，何以兵戎相见？"熊通说道："我们是蛮夷，现在中原诸侯都背叛

「武汉东湖磨山风景区"楚武王与王后邓曼"雕塑」

天子而互相攻伐侵夺。我也有一支不像样的队伍，想因此参与中原的政事，请求周王室尊封给我名号。"随侯畏惧楚国的兵威，按照楚的要求，派遣使者向周天子进言，请求尊封楚国国君名号。但后来周天子没有同意，这深深激怒了熊通，楚国开始自立门户，自尊为"楚武王"。由此可见，楚国想与周王室为伍的幻想最终破灭了，走上了一条反抗姬周的道路。后来楚武王熊通首先灭掉了其南面最近的周王室分封的权国，拿权国开刀。

楚武王消灭权国之后，开始了改革，设立了权县，一改过去周王室的

分封制，由楚国国君直接委派人员进行管理，权县也因此被后世称为"中国第一县"。但是一直以来，历史学界对"中国第一县"有着不同的看法。20世纪30年代，著名历史学家顾颉刚先生首次提出中国第一县是楚武王消灭权国后设立的权县。湖南省社会科学院研究员何光岳先生在《楚灭国考》一书中认为"那处"才是中国第一县。湖北大学历史学教授宋公文先生则据《左传·哀公十七年》记载："彭仲爽，申俘也，文王以为令尹，实县申、息。"认为申、息两县才是真正意义上的中国第一县。抛开这些争论，我们可以确定的是，楚国在此地设的管理措施是与以前周王朝对其封国的管理是不同的。

楚武王派其叔叔斗缗对权地进行管理，斗缗有称王的野心，加上权人想摆脱楚国的统治，二者一拍即合。后来斗缗在权人的鼓动下反叛楚武王，斗缗利用权县的地方军队发动叛乱与楚武王对抗，后叛乱被楚武王平息，楚武王把权地人民迁往那地，任用阎敖为尹。权县迁往那地后，为楚武王以江汉为基础开疆拓土、北上南下提供了良好的保障。

> 楚文王时，阎敖还曾率领权县的地方军队参与过楚文王伐申国的军事行动。《左传》记载，楚国与巴人合谋攻打申国，由于阎敖屠戮侮辱巴人，激怒巴人，导致巴人叛乱，巴人转头攻打那地，攻下了那城。阎敖因被巴人打败，弃城游水逃走，被楚文王抓住处死。阎敖之族因而也发动叛乱，巴人乘机攻打楚国。后来，楚文王率军反击，被巴师于津地打败，并最终导致楚文王病亡。

随着后来楚国国力的日益增强和迁都到纪南城，那地变成了楚国的内地。据专家考证，那地很可能变成了楚国的别都——蓝郢。楚国平息了斗缗叛乱后，迁到了那地，那地是原来姬周贵族所封的"聃国"故地，由于"聃"与"蓝"音同字通，权县极有可能改为了蓝县，蓝县从春秋后期才见于史书记载，而权地很早就迁到了那地。再加上1987年在湖北荆门包山2号战国中晚期墓中出土了一大批竹简，其中一支简文中就有"蓝郢"这个地名，里面说到："王廷于蓝郢之游宫，女令大莫嚣屈易为命。"这片竹简是地方官员向中央呈报的文件，它是官员验查名籍并发现隐匿名籍予以补充登记的记录，蓝郢里有宫殿，应为楚国的一个别都。所以蓝郢应由蓝县演变而来。

公元前278年，随着秦将白起的拔郢，楚国的都城被迫东迁到陈县，楚国国势也渐渐日薄西山，权县遂沦为秦地。秦人占领长江中游地区，在江汉地区设南郡。秦统一后，设置当阳等县，权地、那地这样的地名被取消，消失在了历史的长河之中。后来权人和那人四处迁徙，但他们已经把其地名深深烙在了他们的骨子里，他们开始以权为姓，因为那里有他们深深想念的故土。

「包山楚简的研究书籍」

「包山竹简」

江 国

江国为殷商至春秋时期华夏族建立的一个诸侯国。国名又作"鸿国"、"邛国"，古读"gāng"音。这个国家以"鸿鸟"作为图腾。

相传在上古时代，作为东夷部族的一支，伯益因为辅佐大禹治水有功，帝舜赐他嬴姓，伯益就成了古代嬴姓各族的祖先。伯益下传几十代，经夏代、商代，卜辞中有"鸿"的国名。到西周时有裔孙名叫元仲，元仲受封于江，并建立了江国（今河南正阳县涂店附近）。"江"，又作鸿、鸿、邛、卭，音鸿，和东夷族的其他部族一样，也是一个以鸿鸟为图腾的部族。但东夷集团是一个十分庞大的部族，《后汉书·东夷列传》载："夷有九种，曰畎夷、于夷、方夷、黄夷、白夷、赤夷、玄夷、风夷、阳夷。"江国为九夷之一，但具体是哪一支，没有具体的史料证明。

中游之国

江国的族源与黄国、徐国相同,他们都是伯益之后,同为嬴姓。据司马迁《史记》所记:"秦之先为嬴姓。其后分封,以国为姓,有徐氏、郯氏、莒氏、终黎氏、运奄氏、菟裘氏、将梁氏、黄氏、江氏、脩鱼氏、白冥氏、蜚廉氏、秦氏。"宋衷所注《世本》卷下记述道:"江、黄皆嬴姓国……徐、奄皆嬴姓,淮夷嬴姓。"可见,嬴姓是一个庞大的东方氏族集团,在很多时候他们都有着共同的命运,因而在后世历史上彼此之间常常有着天然的亲近感,这在春秋时期的会盟关系上尤其能看到这一点。

关于江国的地理位置,古书有以下记载:《汉书·严朱吾丘主父徐严终王贾传》贾捐之说:"武丁、成王,殷、周之大仁也,然地东不过江、黄,西不过氐、羌,南不过蛮荆,北不过朔方。"这表明江国挨着黄国,它的西境紧邻周成王时西周的直辖区域。刘向《新序·善谋》说:"齐桓公时,江、黄小国也,在江淮之间,近楚。"这些当然都是汉代人的记载,应该和实际情况有些差异。现今的考古发掘证明,最为繁盛时期的江国位于今河南正阳县东南、淮水北岸。通过对其故城的发掘,实测其平面长方形面积约17.5万平方米,遗址的时间为东周至汉代。当然也有不同的观点认为,江城位于今河南省息县西南。有学者认为,江人周初以前应在东方,周公东征伐东夷,在辅佐成王之后的第三年践奄后江国才逐步南迁的。因为江国虽然没有参与叛乱,但它毕竟是属于东夷集团,又是异姓之国,不能不防。周穆王时及其以后,江国溯淮河两岸西侵,渐入中土。西周晚期,召公平定淮夷,江、黄等嬴姓诸族归附于周,各自所居即成为周王室承认的封土。

可惜的是,从西周到春秋早期,关于江国的历史记载都极为罕见。

江国建国初期,曾一度繁荣,国力强盛,政局稳定,人民渔猎耕织,安居乐业。春秋时期,江国介于楚、宋、齐三国势力之间,经常受这些大国操纵,加之淮水不时泛滥,往往淹没江国的中心地带,所以江国作为小国一直没能强盛起来。春秋早、中期,江国采取或联姻或会盟的方式,先依附于楚国,以图复兴。楚成王曾嫁妹于江,两国实行联姻。

后来楚国逐渐强盛起来,逐步向北方扩张,与北方的秦、晋、齐、鲁等大国争夺中原。这样必然触及淮河两岸的蓼、息、黄、江、道、柏等小国的安危,江国才较多地见于史籍记述。楚文王十年(公元前680年),

楚国灭掉息国，这是楚国为向北扩张而要消灭中原小国的开始，各个小国也都感觉到了楚国张牙舞爪的姿态。江国的地理位置偏南，面临强大的楚国首当其冲，民少国弱，处境危险。为了应对困难，它不得不和北方大国结盟来保护自己。公元前7世纪楚成王在位时，江国和齐、宋结盟，这是见诸史籍的江国最早的一次结盟。此时的齐国正是齐桓公风头正劲的时期，他打着"存亡继绝，救危扶倾，尊周室，攘夷狄"的大旗，就是上尊周王室，下帮弱小国家，对内扶危救困，对外驱除外敌，因此受到众多弱小国家的拥戴。

> 据《春秋》记载，齐桓公二十八年（公元前658年），"秋九月，齐侯、宋公、江人、黄人盟于贯。"《左传·僖公二年》于此记述道："秋，盟于贯，服江、黄也。"贯为齐国地，在今山东冠县。杜预注云："江、黄，楚与国也，始来服齐，故为合诸侯。"据此可知，江国和黄国原来都是楚国的盟国，现在改为顺服齐国，和齐、宋两大国建立同盟。

齐桓公二十九年（公元前657年），江国再次参加以齐国为盟主的四国盟会。这次盟会在齐国的阳谷，即今山东省阳谷县。这次盟会的具体目的，《春秋》语焉不详，而《左传·僖公三年》却有明确的表述："秋，会于阳谷，谋伐楚也。齐侯为阳谷之会，来寻盟。冬，公子友如齐莅盟。"后来参加的还有鲁国。

齐桓公三十年（公元前656年）秋，齐国又因陈国的大夫辕涛涂的不忠而兴兵伐陈，这一次江国也派兵参加。《春秋》记云："齐人执辕涛涂，秋，及江人、黄人伐陈。"我们从史料中得知，参加齐国统一行动的还有许国。这一年齐桓公带领盟军大军压境，刚刚和楚国订立召陵之盟，逼和楚国，势力正盛。

齐桓公三十一年（公元前655年），弦国的灭亡更加剧了江国的危机感。《春秋》记云："楚人灭弦，弦子奔黄。"《左传·僖公五年》记云："楚斗谷于菟灭弦，弦子奔黄。于是江、黄、道、柏方睦于齐，皆弦姻也。弦子恃之而不事楚，又不设备，故亡。"这几个周边小国互相之间都有联姻关系，共同的利益也使它们团结得更紧。作为小国弱国，弦国不侍奉大国楚国，就是找死。侍奉楚国，也是等死，死是早晚的事。对强邻不做防备，只是死得更快些。

从上面连续几年的结盟和出兵随盟军征伐，可以看出江国与齐国等国的盟约关系是十分紧密的，我们当然可以理解为这是江国内心危机感的必然反映。

到了齐昭公十年（公元前623年），天下的形势发生了变化，一方面强大的盟主齐桓公已经去世，齐国本身的实力也在走下坡路。而此时楚国的国君是十分强势、通过政变逼死父亲而继位的楚穆王，他是后来著名的"春秋五霸"之一的楚庄王的父亲。

楚穆王即位后第三年，就让镇守息县的公子朱率兵攻打江国。在江国被楚国军队包围的时候，晋国的军队在先仆的带领下通过攻打楚军以给江国解围，同时把江国被楚国包围的消息报告给周天子。结果又增加了天子的叔叔桓公和晋国的阳处父一起攻打楚国境内的方城以给江国减压。直至看到攻打江国的楚军撤回来，他们才收兵，这次江国的危机因为晋国和周王朝的援助得到缓解。

这年秋，楚国最终灭掉了觊觎已久的江国。《春秋》记此年事云："秋，楚人灭江。"《左传·文公四年》亦记云："楚人灭江，秦伯为之降服、出次、不举、过数。大夫谏，公曰：'同盟灭，虽不能救，敢不矜乎！吾自惧也。'《诗》云：'惟彼二国，其政不获，惟此四国，爰究爰度。'其秦穆之谓矣。"《春秋》经文对于江国的灭亡是轻描淡写的，多亏了《左传》给我们补充了更为丰富的材料。它使我们知道，当时江国其实和西方的作为同姓之国的秦国也有一种比较松散的与国关系。这时秦国的国君是秦穆公，当他得知江国被灭的消息后，表示很哀伤。为了表示对江国灭亡的痛心，他进行了一系列的诸如身穿素服、移居侧室、不出行、减膳食、不举乐等哀悼活动。当臣下劝止他时，他说对于同姓之国的灭亡，虽然自己没能出力救援，表示下哀悼也是应该的，同时也可以提高自己的戒惧之心。显然，楚国灭亡江国的事件本身，同时引起东西方各个大国的警惕和防范。

江国被灭之后，江国子孙纷纷逃散，流落外地。他们以国为氏，称江姓，尊江元仲为江姓的得姓始祖。正阳本为江姓的发源地，江国灭亡后，

「今日之江陵古城」

没能逃散的江人被楚国强迁至楚国属地。后人的追述中，江人的迁徙地有位于光州的江城、汝南郡的江亭、今湖北蕲州的江夏等。这些地名至今在很多地方还保留着，如江夏（今已属武汉市）、各地的江亭、散落各地江人繁衍开来的"江村"等。尤其是"江亭"的名称甚至被带到了今天湖北荆州的江陵。当然由于南方称呼河流多为"江"，一些有江姓先民开创定居的地方，也因为这个称呼习惯而使江人的迁徙信息被淹没。在此后的岁月里，很多江人都是作为楚国的臣民生活着。在战国时江人的后裔江乙还出任过郢大夫，郢是春秋后期楚平王所建的都城，也就是今天的湖北江陵。

其后大约是公元前3世纪，部分江人西逃，在今天的四川省中部建立国家，国名为"邛"，定都西昌，时称为"邛都"，后约在公元前129年灭亡于西汉，其存世年限百余年。这是后话。

作为一个源远流长的小国江国虽然消亡了，但它的曾经存在和创造的文化仍然值得后人去探讨。经过考古专家的努力，使我们了解江国文化遗存的信息越来越多。

> 河南省文物工作队和河南省正阳县文物工作者曾在正阳县东南与息县接壤处的大林乡涂店发现商、周城址，这个城址被确定为古江国都城。它在2000年9月25日被河南省公布为第三批重点文物保护单位。该遗址西北距正阳县城40公里，其范围东至涂家大坟，西至涂楼，北至冯庄，南至涂店集南沿。东西长2公里，南北宽1.2公里，总面积24平方公里。淮河从城南1公里处流过，城西南有新石器时代的"卧牛堆文化遗址"，城东堰水环绕，入淮处两岸地势险要，宛如关隘，古称"凤凰台"，当地人也叫它"烽火台"。在古城遗址内，曾出土有商、周时代生活用的陶器残片。城址西北有一遗址，今称"冢子园"，是个呈圆堆状的土堆，高8米，面积为2000平方米，这是古江亭遗址。江亭在西汉时犹存。

春秋初年至楚灭江以前的江国铜器也都有发现,在器物形制、纹饰以及铭文风格等方面,既有较多的中原文化特征,同时也体现出一定的地方文化因素,这与江国的历史基础及其所处的文化、地理环境有关。

这些发现的重要青铜器主要有:

1. "邛(江)君妇龢壶"

「江国故城遗址」

上有铭文14字:"邛君妇龢作其壶,子子孙孙永宝用。"该壶是春秋早期晚段的器物。类似的贵族用器还有"伯戔盘",其铭文曰:"隹正月初吉日丁亥,邛仲之孙白戔自作沬盘……万年无疆,子子孙孙永宝用之。"从中我们可以看出,从西周到东周,江国的文化和习俗与中原其他国家没有多少差别。

2. "楚王钟"

上有铭文3行27字。该钟是楚成王嫁自己的妹妹到江国,楚成王为之制作的媵器,也就是陪嫁。这个钟见证了江国与楚国尚在盟好时期那种其乐融融的与国关系,也可以供我们探讨楚国青铜器和江国铜器之间的异同。

3. "江小仲鼎"

1953年春出土于河南郏县太仆乡东周铜器群,为春秋早期文物。鼎通高24.5厘米、口径23.5厘米,重4.65公斤。敛口鼓腹,折沿立耳,圜底三蹄足。颈饰重环纹和一道弦纹。鼎内壁有铭文2行9字:"江小仲母生自作用鬲。"鼎为江国贵族字小仲名母生者所作。该鼎的纹饰有江国自己的特色,器物和铭文也可以供我们研究江国的人物关系的材料。另外,郏县这个地方,在春秋时期属于郑国,那么江国的铜器怎么会出现在郑国的呢?现代专家认为应该是出于嫁娶和馈赠的原因。类似的还有"叔姬簠"。这是曾国制作的器物(也有

「江小仲鼎」

认为是楚器),曾国女子(或楚女)嫁到江国去,以此作为陪嫁。这种一国制器出现在另一国的情况,也为我们探讨那时江国的对外交往提供遐想的空间。

4."孙叔师父壶"

这是江国春秋中期前段文物,高32.4厘米,椭方体,侈口直颈,斜肩重腹,一对虎形耳,肩腹满饰蟠螭纹。颈外侧铸有铭文:"隹王正月甲戌,邛立(太)宰孙叔师父乍行鼎,恤寿万年无疆,子子孙孙永宝用之。"此壶,整个形制庄重华丽,是春秋早中期淮河上游地区典型文化特色之一,此乃"邛"即"江"的又一明证。

「孙叔师父壶」

发现的文物虽然少了点,难解我们对江国历史文化的探讨之惑。但也正因为少,这些江国的遗物才越发让人觉得珍贵,也促使我们应该坚持毅力去探寻。

郡 国

郡国,《世本》里说:"允姓国,昌意降居为侯。"《竹书纪年》里也说:"昌意降居若水。"何光岳先生说:"若人,允姓,与周代的瓜州之戎、陆浑之戎和阴戎、小戎同姓,且同一祖系,属于羌戎族集团。"在五千多年前,黄帝封其次子昌意为诸侯,在若水旁建立昌意国,号郡国,也叫若国。早期的郡族,居住在若水。中国历史博物馆收藏的西周器物"士山盘",其铭文提到郡方,可见最迟在西周时代已有名为郡的方国。

「"士山盘"铭文"郡"字」

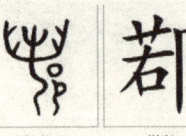
金文　楷体
「"郡"的各种字体」

那么若水是指哪里呢?以前的学者认为若水是四川的岷江或者雅砻江,现在专家们已经达成了共识,认为这是一种不正确的认识。我们知道,黄帝主要活动在黄河流域，由于条件所限，很难到达今四川地区，当然还有其他的材料证明若水既非四川的岷江，亦非雅砻江。

近年以来，一些研究者开始有了新的观点，认为若水在河南的汝水（北汝河，主要在汝州）。"汝水"得名于八千年前的"女娲"。相传女娲被伏羲封于"汝水之阳"，建立"女娲国"。伏羲去世后，女娲被推举为帝后，世称为"女帝"、"女皇"，也称"娲皇"。他们认为，古籍中若、汝两个字古音同义相通，若水即汝水；更重要的是越来越多的史料和考古发现尤其是商朝中期文物的发现，都倾向于若水便是汝水。

商武丁时期至商末，郙国一直是商王朝畿内（古称王都及其周围千里以内的地区）政治地位较尊、经济实力较强、文化水平也较高的方国。其首领多在商王室任要职，从出土的郙国铜器铭文看，如"亚若癸簋"、"亚若父己爵"等，郙部族首领"亚若癸"、"亚若父己"均世服于商王室（"亚若癸"之"亚"为职官或爵称，在商周王室中具有较高的权力和地位；"若"为族名或国名；"癸"指郙之首领或国君）。郙国经济或与商王朝息息相关，商王时常问卜郙的年收成情况，甲骨文卜辞有"若受年"的记载。商朝后期，郙国的活动范围，以它和商王朝的关系，当距王朝的政治中心相去不远，或许仍在汝水流域一带。

周朝初期，郙国不得不臣服于周，作为上古帝王后裔，自然会受到周王室的册封。虽然表面上臣服了，但实际上所作所为是与周王室相悖的。郙国有着发达的文化，相传郙国有自己的纪年与正朔称作"郙正"，不用周正，不奉纪周王年统。大概与此同时，郙国将都城迁徙到了古商密一带。

那么古商密在哪里呢？

晋杜预《春秋左氏经传集解》云："郙本在商密，秦楚界上小国，其后迁于南郡郙县。"又曰："商密郙别邑，南乡丹水县也。"晋代的丹水就是淅水，南乡丹水县就是今南阳淅川县，熊过《春秋明志录》也载："郙，秦楚界上小国，今郧阳上津内乡间古商密地，其后乃迁襄阳宜城界。秦人滑窥东诸侯，今入郙又将有事南方矣！"此书为明朝人所作，明时上津内乡之间古商密便在今河南淅川县。

那么郙国为什么要将都城迁徙到了古商密之地呢？

「上鄀公簠」

相传古商密为商始祖契的封地,从明万历《湖广总志·国纪》可以看出,契佐禹治水有功,舜使为司徒,封于商,赐姓子氏。由于鄀国与周王朝有着千丝万缕的联系,前面说过,在商朝时期,鄀国是生活在商王朝畿内,并深受商王朝恩宠和器重,很可能是为了感念商王朝的恩德,才迁居于商朝先祖故地。

近年来,在河南淅川春秋楚墓中曾出土了一件"上鄀公敄人簠",作器者为楚令尹子庚(卒于公元前552年)。此外,在湖北襄阳山湾春秋中期楚墓中也出土了"上鄀公簠",从里面的记载也能证明商密在今河南淅川县。此时的鄀也被称为"上鄀",与秦、楚两国为邻。

西周早期,鄀便与楚比邻而居。从近来出土的清华简《楚居》简文中可知,在楚熊绎与屈紃之时,鄀与楚交往活动较为频繁,楚在迁徙时还让鄀人帮忙占卜、祭祀宗庙之时还去窃取鄀国的无角之牛。这同时也表明了早期的楚人从文化到经济实力都要远远弱于鄀国。

「清华大学藏战国竹简《楚居》」

> 楚武王熊通时期,鄀、楚两国曾经交战过,这是古籍中所见到的鄀国迁商密后的首战。此时正值楚国兴起,向外扩张。此战楚国俘获了鄀国大臣观丁父。楚武王慧眼识才,随即重用观丁父,令其统率军队。观丁父后来协助楚武王克州、蓼,服随、唐,开拓群蛮之地,为楚国建立霸业作出了巨大的贡献。

公元前635年秋天,秦、晋两国为了削弱亲楚势力,组成两国联军攻打鄀国。是时,鄀国的都城仍在今淅川县。秦国是伐鄀国的主谋和主力军,晋国只是虚张声势,并未真正出兵。起初,楚国并不在意,以为只是一般性的边境纠纷，令尹（掌管最高行政的官职）和司马（掌管最高军事的官职）都还在郢都，只派临近的申公（申县县尹）斗克和息公（息县县尹）屈御寇率领申、息两地的军队去帮助戍守鄀国。秦人用计，先是全军绕过淅川到达其北面的重镇析邑（约在今河南西峡县），攻打析邑，之后捆绑了自己的士兵，冒充已抓的析邑之人，然后包围了淅川城。在城外又装作和楚人歃血为盟的假象，蒙蔽鄀人，鄀人以为被楚出卖，再加上寡不敌众，纷纷弃城投降。秦军怕楚国大军追来，只好班师回国，等楚国回过神来，再次派兵追赶已经来不及了。

公元前 622 年，《左传》中记载："初，鄀叛楚即秦，又贰于楚。夏，秦人入鄀。"鄀国先背楚靠秦，后又叛秦投楚。于是，秦发兵攻打鄀国，攻破了鄀城。不久鄀又在楚国的帮助下夺了回来。由于担心鄀背楚靠秦，楚穆王索性让鄀君举族南迁至楚国腹地，也称为"鄀"，又称作"下鄀"，在今湖北钟祥市（一说宜城东南），鄀国成为了楚国的附庸之国。

秦、楚两个诸侯大国为了争霸，相互对立，相互攻伐。当时，在秦、楚两国之间，同时有着许多关系错综复杂的诸侯国，如巴、夔、庸、鄂、罗、谷、邓、鄀等国。这些国家后来有的被秦吞并，有的被楚所灭，有的则为秦、楚等多国瓜分。如鄀国这样的诸侯小国夹在其间，为了自身的利益与安全，不得不时而倾向秦，时而又倒向楚。成语"朝秦暮楚"成了这些小国共同的外交特点。

楚昭王十年（公元前 506 年），吴国攻入楚国都城郢，楚国几乎灭亡。楚昭王十一年（公元前 505 年），吴师撤退，楚昭王回到郢。楚昭王十二年（公元前 504 年），吴国击败楚国舟师，楚人担心郢都再次被攻破，于是便将都城从郢迁移至鄀，以躲避吴国的锋芒。楚国人习惯称呼都城为郢，于是成为楚国都城的鄀，又被称为"北郢"或"郊郢"。下鄀文化繁荣，楚辞赋家宋玉、兰台歌姬莫愁都在此地生活，城内筑有著名的兰台宫。宋玉答楚王问"郢中歌者"形成了"阳春白雪"与"下里巴人"的成语。

那么楚国都城何年又迁回了郢呢？

从《左传·哀公四年》我们可以得到这样的信息："吴将溯江入郢，将奔命焉。"可知此时都城已迁回了郢。此外，楚惠王（公元前 488 年即位）初年，也曾迁都于下鄀，楚惠王五十六年（公元前 433 年）又迁回纪郢（今湖北荆州纪南城）。楚定都下鄀 60 年左右。

在钟祥市至今还能找到下鄀城历史的遗存，记录着当时的城址。

2006 年，武汉大学历史地理研究所和钟祥市博物馆调查了今钟祥市西北 70 里的转斗镇罗山村的罗山遗址，发现该遗址面积有 75 万平方米，大于邓城遗址，具备作为一个国家或县城的条件。同时，此遗址以东和以南均为汉水冲积平原，或为汉水故道，与郦道元《水经注》中"沔水又迳鄀县故城南"之说一致，且"罗"与"鄀"古音相近。徐少华先生等人根据考古发现以及相关文献的分析，"簪"字与《楚居》所记"若嚣（敖）酓义（仪）徙居簪"及"至贞土（堵）嚣（敖）自福丘徙少（徙）（袭）簪（鄀）郢。至成王自簪（鄀）郢（徙）湫郢"之"簪"写法一致，后者整理者定为"鄀"，故岳麓秦简中所记之"（簪）乡"即"鄀乡"，在当阳邓之间，与上述钟祥市西北的罗山遗址地望大致相符。因此，此遗址是鄀国内迁之地下鄀故址无疑。

下游之国

长江下游是东夷、群舒和百越的活动地域。这里在后世的著名古国虽然相对比较少,但其后起之势不容小觑。东方部落的部族起源早、影响深,但却有更多的历史之谜湮没在历史长河中等待我们去发现。

皖 国

皖国与群舒系方国一样,也是春秋时期的方国之一,同为东夷集团皋陶之后裔,偃姓。对于皖国的记载,史料中多有所见。例如,东汉班固《汉书》:"庐江郡……县十二……皖,有铁官。"这里的"晥"与"皖"是互通的。唐代杜佑在其《通典》一百八十一卷写有"舒州……古皖国也,春秋时有皖国……"《太平寰宇记》第一百二十五卷也有"舒州……春秋时皖国也……"的记述。唐宋时期的舒州就是今安庆市的前身,其州治在今天天柱山下潜山县城。所以古皖国所在地应该也即在此。

明代嘉靖三十三年的《安庆府志》中记载说"周封大夫于皖,而皖之名始著。大夫则周之贤者也,是以得封于皖。"皖国国君因其贤德功绩被周天子封于皖,因而被人们尊称为皖伯,久而久之,皖伯后代也就以皖为姓了,只是后来迁往南方去了,故今安庆一带已不见皖姓人氏。从皖国国君偃氏爵位为伯的情况看,其声誉影响显然要高于其他子爵小国。他获得的封地也占了现今大别山东麓安庆市的一半左右。

> 皖国当时的都城潜山算得上是有山有水的灵秀福地,虽属长江沿线,但是距离长江大概百公里,这样就不用担心一旦江水泛滥会被波及。本身境内的"皖水"对于当时以农业灌溉为主要生活方式的人民来说是很重要的。"皖水"发源于大别山,从天柱峰下流过,默默滋养着这方土地上的人民,生生不息。

距今五千多年前的潜山县南薛家岗文化应该是"皖"的源头,其青铜文化比较发达,在今潜山彰法山及太湖、怀宁等地已出土了大量西周至春秋战国时期的青铜礼器、食用日用器和兵器,更为重要的是发现了春秋时期用于铸造青铜器的"陶范",这就充分证明皖国有了自己十分可观的青铜铸造业。在今潜山彰法山还出土了战国时期的"竹席"等陪葬品,其精细程度说明皖地竹编技术发展亦较先进。

东周初期，皖国逐渐发展壮大。周围一些小国的居民纷纷向皖国迁移。以至于后来，吴、楚两国召集大别山东麓的这些国家开会时往往都会说"皖伯必临"，意思就是说皖伯必须参加，至于其他国家的国君，那就是来不来都行了。

历史发展到春秋后期，随着诸侯争霸的加剧，皖国最终在公元前574年被楚国吞并。然而吞并不等于湮没，皖地文化的影响还一直流传，绵延不绝。

就拿长江来说，万里长江在宿松县小孤山进入大别山东麓，一直到安徽、江苏两省交界的马鞍山，这段江面不叫长江而称"皖江"。皖江的叫法由来已久，《淮南子》中就说：皖江取古皖国名。用一个小封国的名称来指代上千公里的长江，这在整个长江流域上是绝无仅有的。再比如，现在安徽省内境界的划分如皖北、皖南等，都是以皖山（天柱山）为分界线的。

南宋绍兴十七年（公元1147年），大别山东麓首设安庆军，治所就在今天的安庆市内，因为此地曾是皖国故地，安庆便简称为"皖"；清康熙六年（公元1667年），安徽正式建省，省名取安庆和徽州的首字合成；乾隆二十五年（公元1760年），安徽定安庆为省会，经乾隆皇帝御批，将安庆的称呼"皖"放在了安徽省的头上。

在皖地出现过继《楚辞》之后我国文学宝库中一篇极有价值的长篇叙事诗《孔雀东南飞》。这一流传千古的爱情叙事诗至今读来仍凄婉动人。这个故事讲的是，东汉末建安年间，庐江太守衙门里的小官吏焦仲卿和他的妻子刘兰芝本是相敬如宾，琴瑟和谐，无奈焦母说什么也看不上兰芝，硬生生将兰芝赶回娘家。刘兰芝发誓不再嫁人，但她的娘家却逼迫她改嫁，走投无路之下，她不惜以死相抗。焦仲卿听到这件事后，也在自家庭院的树上吊死了。

据史书县志记载，汉末庐江府治就在今天的安徽潜山县城。焦仲卿故里在今天的潜山县梅城镇河湾村焦家坂，刘兰芝故里在今天的怀宁县小市镇刘家山，位于焦家坂东南面，与"东南枝"寓意吻合。

传说在如今的焦家坂曾经有一株蓬勃千年的古杨树，就是当年焦仲卿为刘兰芝殉情的庭中树。至今,老一辈妇女还将受折磨的媳妇喻为"苦芝子"，把心灵手巧的小姑娘称作"巧芝子"。

在皖地还有两位人们更熟悉的美人,那就是三国时期的"二乔"。据《三国志·吴书·周瑜传》记载,二乔的出生地在今天潜山县梅城镇王湾村,村中至今仍有二乔姊妹的故事流传。

还有当代著名诗人海子的家乡也在这里,他为家乡写过一首《给安庆》——五岁的黎明/五岁的马/你面朝江水/坐下/四处漂泊/向不谙世事的少女/向安庆城中心神不定的姨妹/打听你,谈论你/可能是妹妹/也可能是姐姐/可能是姻缘/也可能是友情。

除此之外,还有被公认是京剧鼻祖的徽班领袖程长庚、通俗小说大家张恨水等都出自这片热土。皖地还是佛教禅宗二祖循迹修禅和三祖布道宏法之地,清代统治中国文坛的桐城派的故里,徽班成长的摇篮和黄梅戏形成和发展的地方。这些伟大的人物和他们创造的成就为古皖文化的形成和发展作出了重要的贡献。

舒国与群舒

群舒,就是皋陶氏的后裔舒人在江淮地区建立的众多偃姓小方国的统称。这一点,在《左传·文公十二年》杜预注中有所提及。群舒诸国虽建国于江淮之间,但是他们的始居地却有学者指出是在今天的山东曲阜一带。《帝王世纪》中说到"皋陶生于曲阜。曲阜偃地,故帝因之而以赐姓曰偃。"据此,人们推测群舒的发源地应该也在这一带。

舒人迁离故土的时间,大概在西周初年。商朝灭亡后,周王室及其诸侯国屡次大规模征伐商朝的盟国友邦,其中一个重点目标就是奄国。

> 奄国原本是商王朝非常重要的组成部分。《竹书纪年》中曾经提到商王南庚、阳甲都曾建都于奄,直到盘庚才将商的都城迁到今河南安阳的殷。可见,奄在商王朝的地位。如今商朝被灭,周王室自然是希望能够将这些与商关系密切的地方都彻底收拾一番。奄首当其冲。周王室对于奄的征讨在《左传》《尚书》《孟子·滕文公》《孙膑兵法》等多篇文献中均有所记载。

下游之国

在强大的周王室的攻击下，奄人无疑失败了。其遗民因为不甘心被周王朝统治与兼并，大部分选择迁离故土，向外谋求生存发展。只因当时西面、北面绝大多数都是周朝的封国，他们无奈只得南迁，跨过淮水，进入淮南。在此过程中，奄姓的一支——舒人，即在淮南组成舒国。

西周时期的舒国，目前人们并没有在先秦史籍中发现对其活动轨迹的记载。通过殷涤非先生《青铜器研究与安徽古代史》中收录的一些青铜器铭文资料中，我们隐约能窥探到西周时期舒国的大致情形。从这些铭文来看，舒国对周王室的态度并不明朗，有时臣服，有时也起兵叛乱，因而一直是周王室的心头隐患。周王曾多次派兵征伐舒国，后来采取将周族姬姓之女嫁与舒国贵族联姻的方式来处理其与舒国的关系。春秋以来，舒国慢慢分衍成了许多小邦国，即所谓"群舒"。群舒包括舒、舒庸、舒蓼、舒鸠、舒龙、舒鲍、宗、巢等小国。而文献记载中的"舒"则多指群舒。

关于舒国的其他信息，根据《左传》记载，楚子孔在文公十二年（公元前615年）灭掉了舒子平，因此舒国应该是灭于楚。另外，对于舒国当时具体的所在地，《括地志》中说"舒，今庐江之故舒城是也"。《读史方舆纪要》中也有提及"古舒国，汉置舒县为庐江郡治"，到了唐开元年中"分合肥、庐江二县地，于故舒城置舒城县，属庐州"，则知舒国应该在今安徽舒城县故城。

群舒的其他小国，例如：

舒蓼——《左传·宣公八年》："楚为众舒叛,故伐舒蓼，灭之。楚子疆之，及滑汭。盟吴、越而还。"

舒庸——《左传·成公十七年》："舒庸人以楚师之败也，道吴人围巢，伐驾，围厘、虺，遂恃吴而不设备。楚公子橐师袭舒庸，灭之。"同样也是被楚国所灭。

舒鸠——《左传·襄公二十四年》："吴人为楚舟师之役故,召舒鸠人。舒鸠人叛楚。楚子师于荒浦，使沈尹寿与师祈犁让之。舒鸠子敬逆二子,而告无之，且请受盟。"在此后的第二年,襄公二十五年（公元前548年）"舒鸠人卒叛楚。令尹子木伐之，及离城。吴人救之……吴师大败。遂围舒鸠，舒鸠溃。八月,楚灭舒鸠。"

舒龙、舒鲍——《汉书·地理志》提到庐江郡有龙舒县，应劭指出其正是"群舒之邑",《太平寰宇记》说"龙舒城,在(舒城)县西一百里,龙舒水西",又南宋罗泌《路史》有载"今舒城西有龙舒故城",为舒龙故地。而舒鲍,据《太平寰宇记》记载应当在"(舒城)县西一百里龙舒水南"。

宗、巢——《左传·文公十二年》:"子孔执舒子平及宗子,遂围巢。"杜注提及"宗、巢二国,群舒之属",另《水经·河水注》也说"巢,群舒国也"。由此可知,宗国在此时为楚所灭。宗子即宗国之君。巢国在公元前584至公元前574年之间同样被楚所灭。

这些方国面积不大,但分布较密集,在今天安徽的舒城、庐江、桐城、寿县、合肥、六安、霍邱、怀宁等地均有覆盖。这一带较为平坦的地势,除了六、蓼、钟离各国以外,全属群舒散处的地域。

文献中最后一次见到群舒的踪影是在定公二年(公元前508年),"吴子使舒鸠氏诱楚人",此处仅称之为氏,可见舒鸠国已灭,但其族仍存。此后再也不见群舒的踪影,对于其去向,文献中也不见有记载。

群舒是江淮间最大的一支部族。进入东周时期的群舒,逐渐成为西面的楚国和东面的吴国等诸强国争夺的重点。

楚成王与齐桓公争霸中原时,齐国联合徐国,"徐人取舒",把群舒控制在手里,希望以此来抵御楚国的东进。徐人退出了淮南,群舒归楚国控制。僖公二十八年(公元前632年),楚败于"城濮之战",北上受挫,战略重心东移,加强对沿淮地区和江淮之间地区的争夺。楚虽控制群舒,但是群舒并不安于受楚国控制,多与其他国家联系,企图摆脱楚国的掌控。同样,楚国虽占据群舒,但因群舒独特的地理环境优势,也吸引着其他国家的争夺。其中与楚国争夺群舒规模最大的是吴国。吴国打败楚国后,群舒之地就几乎成为了吴国的势力范围。

春秋时期,地处淮河流域的群舒生存于吴、楚大国之间,饱受"大国争霸"之苦,既受到周边文化影响,同时又保持自身特色。群舒灭亡之后,国人仍不忘故土,以国为姓,使得舒姓成为中国姓氏大家族中的一员。《风俗通义》:"舒氏,舒子之后,以国为姓。"首次将舒姓定为"以国为姓",此"舒子"当解为子爵。郑樵在《通志·氏族略》中也认为是"以国爵为氏"。东汉时,舒姓始有人散见于史册。

邗国

邗国是长江下游地区的一个古国，地理位置在今天的扬州一带。关于它的起源，学界一直众说纷纭，认可度较高的一种说法是淮夷建邗。淮夷是生活在淮水以北的古老民族，支系很多，素有"九夷"之称。历史上，淮夷与商、周都发生过多次战争，史料有载"纣克东夷而殒其身"。周王朝一系列平乱战役中也不乏征讨淮夷的战争，这使得大量淮夷人向江淮流域迁移，其中一批来到淮南江北一带，由于这里地

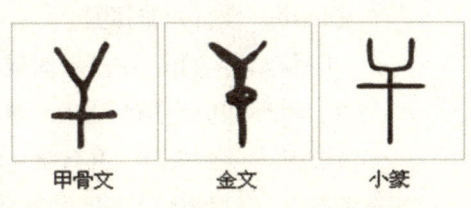

「"干"的各种字体」

势平坦并且靠近水源，很适合生活，于是他们就在这里落脚建立起了一个部落国家——干国。

之所以国家名称取名为"干"，是因为从甲骨文、金文及小篆的字形样式来看，"干"都像丫杈的木棒形。历史学家刘节先生说过"干其本字，像捕鱼之器"。

"干"字还表示江岸，《诗经·伐檀》有"坎坎伐檀兮，置之河之干兮"，这个"干"就是河岸。所谓干国，也就是在水边岸旁主要以捕鱼为生的国家。后来人们在"干"字右边加上表示城邑的"邑"字就演变成了"邗国"的"邗"字。

关于"邗"字，许慎的《说文解字》中解释为"国也，今属临淮。从邑干声。一曰邗本属吴。"早在清代，就有段玉裁和钱大昕指出了许慎对"邗"字的解释前后不同，取了两说。前说"邗"在汉代属于临淮郡。按汉武帝时设临淮郡，治所在盱眙，后来的泗洪、淮阴、射阳等地都在临淮郡范围。从这个特定地域分析，这可能是一个淮夷方国，也刚好印证了"淮夷建邗"的说法。

「"邗"的各种字体」

关于邗国的起源，另有说法追溯到了寒浞建立干

国。说有穷氏的头领后羿夺得了夏王朝太康的王权后沉溺于享乐，在位短短几年后就被他的助手——同为有穷氏的寒浞杀死。寒浞掌权期间在今山东淄博、潍坊一带建立"寒国"。后来少康推翻有穷氏政权，史称"少康中兴"。自此寒国子民被迫一路向南迁徙，到达江淮之地建立"干（音hán）国"。

还有人认为是周武王灭了商朝之后分封天下，将自己的小儿子分封到邗，是为邗国。但同时有学者依据《左传·僖公二十四年》中"邘、晋、应、韩，武之穆也"，指出周武王分封的国家应当是邘国，在今天的河南省沁阳市一带，并非邗国。

许慎对"邗"字解释时候说到的"邗本属吴"，是指邗国后来被吴国吞并，其时间应当是在吴王寿梦时期。自此之后，吴王多被称呼为邗王。

从寿梦到夫差，几代吴王都称邗王，可以反映邗城在吴国的重要地位。事实上，邗城此时正是作为吴国扩张势力范围的江北重镇而存在。从吴王寿梦到吴王夫差，多位吴王以邗城为大本营，大规模向北、向西发展，想要称霸中原。在吴国与楚国的战争中，江北大营邗城作为吴国囤积武器辎重、运输兵马粮草之地不可或缺。

夫差的时候楚国已经被吴国打败，吴国要对齐国用兵，要与晋国争夺盟主。原有的陆路运兵路线太长，有诸多不便。如果实现攻击齐国的军事计划，就必须穿越长江至淮海之间的广大地区，而当时两大水系之间并无直接的河道相通，一向以水军力量取胜的吴国，要么沿长江口出海北上伐齐，要么开挖一条直接沟通长江和淮海之间的河道。无论从当时造船的技术水平、出海远航的风险，还是江淮之间河流湖泊纵横的便利条件考虑，吴国无疑都要选择后者。于是就有了《左传·哀公九年》中"秋，吴城邗，沟通江、淮"之句，当时吴王夫差在邗城开邗沟，即从扬州向北抵达淮河末口，沟通了长江、淮河两大水系，也就成为吴国向外争战的必备基础。从此，长江、淮河两大流域贯通了起来。这条人工开凿的沟通江淮的运河由于临近邗城，便被称为邗沟，又称"邗江"或"韩江"、"韩溟沟"等。

越王勾践灭掉吴国以后，也曾利用邗沟北上伐齐。邗沟是中国历史上第一条沟通长江和淮河的人工大运河。

吴王如此重视邗城，对"邗"这个字又这么情有独钟，究其原因，除了它的地理位置重要之外，或许还与吴人多崇尚宝剑有关。

下游之国

吴人对宝剑的崇拜近乎狂热,几乎视其为图腾。吴人在铸剑的时候仅有祭祀礼仪还不足,他们有时甚至还以童男童女献祭来表示圣洁虔诚。从欧冶子到干将、莫邪,吴国铸剑名师颇多。干将和莫邪铸剑,不惜以自己的人身血肉作为剑引,甚至有铸剑师甘愿亲自投入冶炼洪炉,只为铸成神通宝剑。吴王阖闾以巨额赏金求宝剑,有人为铸成宝剑,竟然杀掉自己两个儿子,以血衅金才铸成宝剑。吴王检验宝剑,把大批吴钩混在一起。此人呼唤儿子名字,两把宝剑竟自行飞起撞击父亲胸口。吴王重赏此人,此后携带这双宝剑从不离身。从出土器物看,多位吴王和吴太子喜欢兵器,铸铭文的剑、戈、矛不少。如《越绝书》说吴王阖闾墓中藏扁诸之剑3000把。

在这种对神剑的极端崇拜心理之下,宝剑被吴人看作是可以自行来去,还善于长途水行的神通之物。《吴越春秋》记载,阖闾残暴无道,埋葬女儿时竟然把无辜的观葬者骗入墓中,活埋殉葬。他的宝剑"湛卢之剑,恶阖闾之无道也,乃去而出,水行如楚"。这把宝剑竟然了解主人无道,自己水行到楚王那里去。宝剑静卧则气冲斗牛,入水则化为蛟龙之类的说法,盛行吴地。

> 吴人对宝剑的钟情达到了如此疯狂的地步,自然对当时适合冶炼金属锻造宝剑的国家和地区心向往之,这个国家当时也叫干国。赣东北今有余干县为古干国故地。赣东德兴、铅山等地盛产铜和多种金属,古代多设铜场和场监之类。皖南由铜陵至繁昌,古代铜冶遗址多达60多处。这些地方几乎都是"即山而冶"、"铸金于山"。

吴人对宝剑的崇尚导致他们对干国充满向往,进而对"邗"字产生了别样的情感,或许也因为如此,吴王以自称或让他人称自己为"邗王"而骄傲。

20世纪20年代河南卫辉出土了一件青铜制"邗王是野"戈,现藏北京故宫博物院,这支戈制作精美,戈上有铭文"邗王是野,

「"邗王是野"戈」

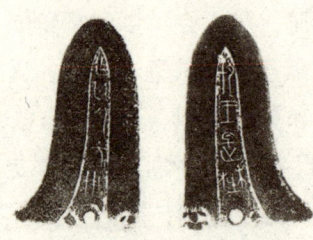

「"邗王是野"戈上铭文」

「赵孟介壶」

乍为元用"。根据郭沫若和罗常培的观点，"邗王是野"即吴王寿梦，"乍为元用"表示寿梦制作此戈供自己专用。

同样在河南卫辉还出土了一对青铜制"赵孟介壶"，现藏大英博物馆，上有铭文"禺邗王于黄池为赵孟庎邗王之愬（赐）金以为祠器"。卫辉正是古黄池，吴王夫差争当诸侯盟主的会盟之地。学者陈梦家等人认为，赵孟为晋国权臣赵鞅，吴王夫差想要当诸侯盟主，希望晋国不要为难自己。"赵孟介壶"铭文记载的就是吴王与赵孟"黄池之会"的事情。铭文中称夫差也为"邗王"。

继吴王夫差之后，公元前473年，卧薪尝胆的越王勾践复仇吞并吴国，邗城遂附属于越国。之后强大的楚国又灭掉越国，邗城又属楚。在其后的历史长河中，这方土壤历经世事变幻，岁月浸淫，被冠以"广陵"、"江都"等称呼，如今，它以"扬州"之名被世人所熟悉。

宜 国

宜国，史书上并无记载，关于它的故事要从镇江市丹徒区大港镇烟墩山开始讲起。1954年，在大港镇烟墩山发掘了一座西周墓葬，出土了一只青铜重器，虽然它高仅有15.7厘米，口径仅有22.5厘米，跟一只现代的痰盂差不多大小，但它的铭文却记载了一个为古文献所不载的宜国，且详细、明确地记载了西周的分封制度。这让它的出土在中国青铜器研究领域具有举足轻重的划时代意义，也使它成为了身居顶级文化殿堂的国宝级文物（一级甲

「宜侯夨簋」

下游之国

等)。这件国之重器,它的名字是"宜侯夨(cè)簋"。

刊于1955年第5期《文物参考资料》的《江苏丹徒县烟墩山出土的古代青铜器》一文写道:"1954年6月间,丹徒县龙泉乡下聂村农民聂长保的儿子在烟墩山南麓斜坡上翻山芋地垄沟时,无意间在地表下三分之一公尺的土里掘出一只鼎……簋……共掘得铜器十二件。""宜侯夨簋"在聂长保父子的农用钉耙底下破土而出,它越过漫长时光隧道之后的第一站,也正是在镇江这一处偏僻的村落水沟里洗尽一路风尘!

"宜侯夨簋"的年代为距今3000多年的西周初期。一觉三千年,醒来惊世人!"宜侯夨簋"上的铭文让人们知道了一个名为"宜"的国家的存在。

铭文上说"惟四月,辰在(在)丁未,【王】省武王、成王伐商图,遂省东或(国)图。王卜于宜……南乡(向)。王令虞侯夨……侯于宜……"

周康王察看了武王、成王伐商征服地方的地图,特别又察看的东方地带的地图,并进行了占卜,显示指向南方。然后康王命令虞侯夨说:你到"宜"地为诸侯吧!

"宜侯夨簋"铭文中所说的"宜"究竟地处何方?有学者认为是在今天的陕西一带。

「宜侯夨簋铭文」

从《史记》开始,就有系统的传说:周族的领袖太王有三个儿子,老大泰伯,老二仲雍,老三季历。按照周族的传统,太王之后,当由长子泰伯继承领袖的位置。但是太王起了私心——当然,也有人认为是大公之心——认为老三季历的儿子姬昌非常优秀,打算最终把领袖的位置传给姬昌。姬昌就是后来的周文王。泰伯、仲雍琢磨到父亲的意思后,便主动避让,带领族人奔到荆蛮之地,"文身断发,示不可用",并且自号"句吴",建国立业。等到文王之子武王克商,平定天下,寻访泰伯、仲雍的后代,发现泰伯、仲雍已经在"句吴"自立为王多年,王位已经传至仲雍的重孙周章。于是武王顺水推舟，分封周章为吴子，同时加封周章的弟弟虞仲到虞地为虞国之君。

由于铭文中康王命令虞侯夨到"宜"地为诸侯，所以有学者认为"宜"就是"虞"周边的陕西一带。

然而事实上，铭文中明确提到王在封宜侯时，翻阅了"伐商图"和"东国图"两张地图。这两张图是互相衔接的，伐商图只到商王畿附近，而东国图则描绘出商王畿以东的大片领土。显然，宜的位置是在东国图上。而占卜显示又在南方，所以宜国应该是在东国图中的南方，并不应该是虞地周边陕西一带。

出于上述考虑，有专家学者提出宜国就在今天镇江丹徒附近，即"宜侯夨簋"出土的位置。

> 虞侯原本居于北方虞国，后被改封江南建立宜国，南北两地相去甚远，有人疑惑如此远距离跋涉是否有可能。其实当时虽然交通工具不发达，但长途跋涉之风一直很盛。姜太公吕尚由今山东东部的海滨，经河南北部的殷地，跋涉到陕西渭水边；伯夷、叔齐两人由孤竹国(今河北卢龙县)的北海之滨，向文王所在的周国奔来；虞侯的祖先泰伯、仲雍由西北奔到东南，这些都是先例。

周章之弟虞仲原本与周章一起居于南方的吴地，武王时期周章的弟弟虞仲被封到北方的虞国，成为虞侯。康王时虞侯夨复封回至江南丹徒一带，建立宜国，也是回他的老家。虞侯夨徙封以后，虞国的君位可能由夨之弟继承，其国到春秋时犹存。周章留吴而其弟封虞，和虞侯夨封宜而其弟留虞，它的过程是一样的，都是由诸侯兄弟之间加封一人而成立一个新的侯国。

宜国分封以后的情况，史书和铭文中都不见记载。人们推测，西周康王时所封的宜国，应该在西周晚年"诸侯相伐"之时为吴所并。宜国虽然在《春秋》经传中不见记载，但它是由北方的虞侯徙封而建立的，在西周数百年的发展过程中，它把北方中原的生产技术、工艺制品传入南方，促进了南北经济、文化的交融，其功劳应该成为西周史上珍贵的一页。

图书在版编目（CIP）数据

古国旧邦 / 李晓明编著. —武汉：长江出版社，2019.6（2023.1重印）
（长江文明之旅丛书. 人文历史篇）
ISBN 978-7-5492-6531-2

Ⅰ. ①古… Ⅱ. ①李… Ⅲ. ①长江流域—古国—介绍 Ⅳ. ①K295

中国版本图书馆 CIP 数据核字（2019）第 105337 号

项目统筹：张　树
责任编辑：郭利娜　苏密娅
封面设计：刘斯佳

古国旧邦

刘玉堂　王玉德　总主编　李晓明　编著
出版发行：上海科学技术文献出版社
地　　址：上海市长乐路 746 号　200040
出版发行：长江出版社
地　　址：武汉市解放大道 1863 号　430010
经　　销：各地新华书店
印　　刷：中印南方印刷有限公司
规　　格：710mm×1000mm　1/16
印　　张：10.25
字　　数：140 千字
版　　次：2019 年 6 月第 1 版　2023 年 1 月第 2 次印刷
书　　号：ISBN 978-7-5492-6531-2
定　　价：39.80 元

（版权所有　翻版必究　印装有误　负责调换）

后　记

　　我的学生张婷、李东辉、常静、魏春燕、俞达文五位，在资料的收集、整理方面，帮助我做了大量的工作，使我省出了不少的精力，在此表示感谢。

　　本小册子的写作，参考了学术界的很多研究成果。由于篇幅和体例所限，只能略举专著类的著作，学术论文不能一一标注，这是我深深感到抱歉的！

　　展现在读者面前的这个小册子肯定谬误不少，还有很多古国旧邦的历史之谜是读者想知道的，同样也是我想知道的，暂时还说不明白。好在这种探寻，学术界的人士在做，我也在做。假如将来有机会的话，我们的这种叙说肯定会比现在更加全面清晰而生动有趣。

　　古国旧邦，是曾经出现在中华大地上的一场遥远依稀的梦，具有无穷的魅力，值得我们不停地去追寻。

李晓明
2018 年夏于武昌虎泉居

后 记

长江出版社历来重视长江历史文化的研究工作,眼下这部"长江文明之旅"丛书的组织与出版就是再一次证明。本人觉得这套丛书对于人们认识中国的另一条重要的母亲河——长江流域的文明有很大的帮助,因此对此持十分支持和赞赏的态度。主编刘玉堂、王玉德先生总揽撰稿全局,在选题策划中本人受命承担《长江流域的古国旧邦》一稿的撰写。本人对古代中国大地上那些消失了的小国的历史和掌故,历来很感兴趣,有此机会能够参与其事,自是一件赏心乐事,于是便欣然参加了。

毕竟,感兴趣不等于就能懂,有点懂不等于有研究,有部分研究不等于全面深入研究。此外对这种要求雅俗共赏的写作,还有个表述技能的问题。我的体会是,还是把这个小册子当作一本基础的文化普及读物,使读者能够对长江流域的过去有个简单的了解,引起兴趣。果能如此,这个小册子的使命就完成了。定位明确,便心中释然。

写作的过程,也是自我学习的过程。我认为,应该尽可能地吸收既往学术界的研究成果。对长江流域古国旧邦的研究,学术界进行了多年,对他们既有成果的无视而不注意吸收,那将是狂妄和无知的表现。但更多情况下,学术界本身对某些问题就众说纷纭,因此鉴别斟酌颇费工夫,十分考验一个写作者的融贯能力。

时间紧,任务重。在写作过程中,困难重重。在有限的时间内,要把20多个古国的历史研究理顺和表述清楚,我所要面对的,既有历代原始资料,又有大量的研究成果和考古资料,还有广泛而凌乱的其他信息,这些都要甄别取舍,时时让人有力不从心之感。好在

主要参考文献

[1] 范祥雍.古本竹书纪年辑校订补.上海:上海人民出版社,1962.

[2] [晋]杜预.春秋左传集解.上海:上海人民出版社,1977.

[3] [清]马骕.绎史.北京:中华书局,2002.

[4] 陈槃.不见于春秋大事表之春秋方国稿.上海:上海古籍出版社,2009.

[5] 何浩.楚灭国研究.武汉:武汉出版社,1989.

[6] 何光岳.楚灭国考.上海:上海人民出版社,1990.

[7] 何光岳.南蛮源流史.南昌:江西教育出版社,1988.

[8] 牛武成.春秋百国探微.郑州:中州古籍出版社,1991.

[9] 潘英.中国上古史新探.台北:明文书局,1985.

[10] 徐旭生.中国古史的传说时代.北京:文物出版社,1985.

[11] 张良皋.巴史别观.北京:中国建筑工业出版社,2006.

[12] 谭其骧.中国历史地图集.北京:地图出版社,1982.